قضايا تربوية معاصرة

رقم الإيداع لدى دائرة المكتبة الوطنية (2007/2/267)

371.2

سمارة، فوزي أحمد حمدان

قضايا تربوية معاصرة/ فوزي أحمد حمدان سمارة.- عـمان: دار الطريـق،
2007.

ص ( )

ر . أ (2007/2/267)

الواصفات : / التربية //الإدارة التربوية /

* تم إعداد بيانات الفهرسة الأولية من قبل دائرة المكتبة الوطنية

2008 م - 1429 هـ

قضايا تربوية معاصرة

تأليف

فوزي أحمد حمدان سمارة

ماجستير مناهج وطرائق تدريس

دار الطريق للنشر والتوزيع

المقدمة

إن للتعليم أهمية بالغة في حياة الشعوب والأمم، والعملية التربوية تتأثر بعوامل وتؤثر في عوامل أخرى، ولما كان التعليم عملية استثمار للموارد البشرية، وإعداد للأمة، وصقل لشخصيتها، وتبيان لملامح هويتها لذا ارتأيت أن أسلط الضوء على قضايا لها تأثير على العملية التربوية وتستطيع أن تغير وجهتها، وتتحكم في نتاجها ومخرجاتها، تناولت قضايا معينة ولا أستطيع أن أقول بأنني تاركاً المجال لزميل آخر أن يتناولها برؤية جديدة.

لقد ضم هذا الكتاب عشر قضايا خصصت لكل قضية وحدة منفصلة، فالوحدة الأولى تناولت الحديث عن المبنى المدرسي الذي هو وعاء العملية التربوية، والوحدة الثانية تحدثت عن الإدارة المدرسية وعلاقاتها المتشعبة مع أركان العملية التعليمية وتأثيراتها عليها أما الوحدة الثالثة فجاءت لتتحدث عن عملية الإشراف الفني وأهدافه وفوائده ووسائله حيث إن هذا الإشراف هو المراقب لطريقة سير العملية التربوية والذي يعمل على توجيهها لتحقيق الأهداف بأيسر الطرائق والأساليب والوحدة الرابعة تحدثت عن الصعوبات والمشاكل التي تواجه العملية التربوية من جميع جوانبها مع ذكر لمسببات هذه المشكلات واقتراحات للوقاية منها وحلول لها، اما الوحدة الخامسة فخصصت للحديث عن مهارات الاتصال والتواصل في المواقف التعليمية، لأنها السبيل الأمثل لتحقيق الأهداف، فبهذه المهارات وبحسن استخدامها يمر الطلاب بالخبرات التعليمية وتحقيق الأهداف التربوية وكانت الوحدة السادسة للحديث عن علاقة المدرسة بالمجتمع المحلي ومجالس الآباء والمعلمين والفوائد المرجوة من خلالها والتي تنعكس إيجاباً على العملية التربوية، أما الوحدة السابعة فتحدثت عن النشاطات المدرسية

التي يزاولها الطلبة بشكل عام وخصصت الوحدات الثامنة والتاسعة والعاشرة للحديث عن ألوان هذه الأنشطة وآرابها، والسلوكات التي يقوم بها الطلبة راجياً أن أكون قد وضعت النقاط على الحروف.

أيها الزميل الكريم- عزيزي الطالب هذا الجهد المتواضع بين يديك أرجو الله أن يكون نافعاً لك ومفيداً وأن تجد فيه ضالتك.

والله الموفق

المؤلف

الوحدة الأولى

المبنى المدرسي

المقدمة

المبنى المدرسي أحد أركان العملية التربوية، ويؤثر عليها إيجاباً أو سلبياً، ويجب النظر إلى المبنى المدرسي بالنظرة نفسها التي تنظر إلى تحسين نوعية التعليم والنهوض به، ذلك لأن شخصية الطالب تتكون وتتشكل في رحابه، والنشاطات المدرسية التي يزاولها الطالب تجري على أرضه وفنائه، وهو وعاء العملية التربوية في الغرفة الصفية يكون التعليم الفعال، والتفاعل وفي المختبرات المدرسية يجري الطالب تجاربه، وعلى ملاعبه يمارس الألعاب الرياضية، لذا فإن أي خطة تطوير وتحديث للتعليم في أي بلد، يجب أن يصاحبها خطة مماثلة لتطوير البناء المدرسي، لما لهذا المبنى من أثر واضح في تحديد شخصيات طلابه يقول ف. كوفير:"نحن نشكل أبنيتنا أولاً، ثم تشكلنا هـي بعد ذلك وهذه قصة التعليم كاملة"[1]، فيجب أن يراعي التصميم المناسب للمبنى المدرسي، متطلبات التعليم، ومستجداته والتغيرات المتوقع حدوثها.

حدوثها يقول عبد الله عبد الدايم:"المبنى المدرسي بحق وعاء العملية التربوية وعندما لا يتغير هذا الوعاء لا يمكن تغيير محتواه، ولا سيما أن الثورة التربوية الموعودة لا تريد أن تكتفي بتغيير طرائق التربية وتجديدها ضمن الإطار

---

(1) ف. كوفير "أزمة التعليم في عالمنا المعاصر" ترجمة أحمد خيري كاظم، جابر عبد الحميد، القاهرة- دار النهضة العربية- 1971- ص189.

القديم، بل تنزع أولاً وقبل كل شيء إلى تغيير الإطار كله، ذلك الإطار الذي لم يتغير منذ آلاف السنين، وإطار التربية التقليدي الذي يحتاج إلى تغيير وهو ذلك الإطار المؤلف من حجرة الصف، والمقاعد والسبورة".[1]

موصافات المبنى المدرسي الملائم

1. مواكبة التغييرات التي حدثت والمتوقع حدوثها:

إن الجهود أمر مذموم وغير مرغوب ودليل على التخلف والرجعية، التغيير أمر مرغوب ومحبوب، ودليل على الحيوية والنشاط، وإن المدينة والحضارة تتغير من عصر لآخر، بل تجد في كل يوم بل في كل ساعة أمراً جديداً، فما كان بالأمس أمراً مقبولاً، لم يعد اليوم كذلك وما كان ينظر إليه بأنه مكسب وغاية، صار اليوم في طي النسيان، وهذا التغير والتحديث قد طال كل نواحي الحياة، خاصة العملية التربوية، مناهجها وطرائق التدريس فيها والوسال التقنيات العملية التعليمية فادخل إلى التعليم اليوم ما لم يكن موجوداً بالأمس مثل الحاسوب، والانترنت وغيرها وإذا لم يسمح المبنى المدرسي لنفسه باستيعاب هذه التغيرات والتطورات سيصبح هذا المبنى حجر عثرة في طريق التقدم والتطور، النباء المدرسي يجب أن يكون قادراً علىاستبعاب كل ما هو جديد في التعليم، وإذا كما اليوم نعجز عن تعميم هذه الثورة العارمة، في العلم والتعليم، فلا أقل من أن تكون مبانينا المدرسية قابلة لهذا التغيير والتطوير في المستقبل.

---

(1) عبد الله عبد الدايم، مشروع خطة للأبنية المدرسية في البلاد العربية ص1.

2. العوامل المادية

تشمل العوامل المادية مساحة الغرفة المدرسية، التهوية، الإضاءة، عوامل السلامة.

أ. مساحة الغرفة الصفية:

يجب أن تتناسب هذه المساحة وعدد الطلاب الذي سيدرسون فيها، وذلك بأخذ اعتبار المنطقة السكنية التي تستخدمها هذه المدرسة، والكثافة السكانية، كذلك إن لمساحة الغرفة الصفية أثراً على طريقة التدريس المتبعة، فطريقة المجموعات تحتاج إلى مساحة أكبر من تلك التي تتبع فيها طريقة المناقشة أو المحاضرة وهكذا.

ب. وضع المقاعد:

هل المقاعد ثابتة أم أنها متحركة؟ وهذا الوضع يؤثر على طريقة التدريس فإن كانت المقاعد يمكن تشكيلها بوضع آخر، أمكن استخدام طرائق تدريسية أخرى.

جـ الإضاءة:

يجب أن تكون الإضاءة كافية بحيث لا تؤثر على إجهاد عيون الطلبة، ويجب أن تكون الإضاءة مناسبة وموجهة توجيهاً حسناً وإن تكون موحدة، فالظلال الكثيرة مزعجة وكذلك الضوء الساطع.

د. التهوية:

الغرفة الصفية يجب أن تكون نوافذها كبـيرة، متسـعة تسـمح بتجديد هوائها وإدخال الضوء إليها، وإن يوضع عليها حديد وشبك للحماية حفاظاً على الطلاب.

هـ التدفئة والتكييف:

يجب أن يشعر الطالب بالدفء أيام الشتاء، فكيف نطلب منه أن يكون فاعلاً في الموقف التعليمي، وهو يفتقر لأدنى أسباب الراحـة ألا وهو التدفئة، فالحجرة الصفية يجب أن تهيأ لإمداد الطلبة بالدفء اللازم، أما عـن طريـق التدفئة المركزية أو حتى عـن طريـق المـدافئ المتحركة وفي الصيف تستخدم أجهزة التكييف والمراوح.

و. عوامل السلامة:

المدرسة تضم أعداداً كبيرة من الطلبة والعاملين لذا يجب أن توجد فيها أسباب السلامة للعاملين والطلاب بوضع حديد حمايـة عـلى النوافـذ حتـى لا يتعرض أحد بالسقوط من خلالها، كذلك درج السلالم يجب ان تكون متسعة، والمقاعد مريحة، ونقاط الكهرباء مغطاة، والأسوار مرتفعة بحيث لا يمكن أحـد من الطلاب من التفكير بتسلقها.

3. عوامل الجمال

المدرسة يجب أن تكون جميلة، لأن جمال المبنى المـدرسي مصـدر إثارة لخيال الطالب وتصوراته، المدرسة يجب أن تكون عامل جذب للطالب، لا منفر

فالملاعب الواسعة المتعددة الأغراض، والحديقة الجذابة تعمل على تشويق الطالب إليها، كذلك لا يقتصر ـ الاهتمام بجمال المبنى المدرسي من الخارج، ولكن يجب الاهتمام بجمال الغرف الصفية من حيث الألوان التي تبعث على الراحة، وتزيين الجدران حتى يجد الطالب متعة حقيقية في مكوثه بالغرفة الصفية، واستخدام الستائر ذات الألوان البهجة.

4. التناسق والتنظيم:

المبنى المدرسي متعدد الأغراض فهناك حجرات التدريس، وهناك الجناح الإداري والمرافق العامة سواء المكتبة والمختبر والمرسم وغرف النشاط الرياضي والإذاعي، وأماكن الشرب والحمامات والملاعب، والحديقة ....الخ.

يجب أن يكون هناك تناسق تام في ترتيب هذه الحجرات والمرافق بحيث تؤدي ما هو مطلوب منها بأريحية تامة، وأن تكون هذه المرافق مناسبة لعدد الطلاب بحيث لا يكون التزاحم ولا يتكون عليها أي ضغط.

علاقة المبنى المدرسي بالمنهاج

قد يظن البعض أن المبنى المدرسي ليس له أية علاقة بالمنهاج، ولكن نقول إذا عرفنا إن المنهاج بعناصره الأربعة: الأهداف، المحتوى، طرائق التدريس والتقويم، يرتبط ارتباطاً وثيقاً بالمبنى المدرسي، وسوف نرى مقدار هذه العلاقة من خلال ما يلي:

11

1. **المرحلة العمرية:** إن المباني المدرسية التي تصمم لمرحلة الأساس الدنيا غير تلك المباني التي تصمم لتعليم المرحلة الأساسية العليا، وكذلك تختلف عن المباني المصممة للتعليم الثانوي، مدارس الرياض تحتاج إلى وسائل وتقنيات تختلف عما تحتاجه المدرسة الأساسية فالملاعب تختلف، المرافق والمختبرات والمكتبة وكتبها، وادوار المبنى.

2. **التخصصي الدراسي:** إن المبنى المدرسي يختلف في تصميمه بحسب نوع التعليم المراد فالمدرسة الزراعية تختلف عن المدرسة الصناعية،وهاتان تختلفان عن المدرسة التجارية فالمدارس الزراعية تحتاج إلى مرافق إضافية مثل حظائر دواجن خلايا نحل، بساتين وحدائق زراعية، أما المدرسة الصناعية فتحتاج إلى أماكن ورش ومشاغل فنية لا داعي لوجودها في المدارس الأكاديمية وهكذا على المبنى المدرسي أن يعمل على توفير متطلبات التعليم وحاجاته وبالتالي يوفر الراحة النفسية للطلاب، يقول الدكتور صامويل مغاريوس:" ليس هناك من منكر الأثر غير المباشر لمكان العمل وظروفه على العمل والإنتاج،ولما كانت المدرسة هي مكان العمل للطلاب ومدرسيهم، وسائر موظفي المدرسة فإن كل ما يمكن عمله ليصبح هذا المكان جميلاً، ومحبباً إلى النفس، هو جهد في سبيل توفير رضا التلاميذ والعاملين بالمدرسة ضمن عملهم، وهو بالتالي جهد في سبيل توفير صحتهم النفسية وزيادة انتاجهم[1]، المدرسة المطبعية تختلف في مبانيها وتصميماتها عن المدرسة المخصصة لتدريس الفنون الجميلة وهكذا.

---

(1) صامويل مغاريوس– الصحة النفسية والعمل المدرسي– ص 89.

3. **البيئة:** المدرسة هي مركز إشعاع للبيئة التي تخدمها فيجب أن تتلاءم هذه المدرسة مع البيئة، فالبيئة الزراعية لا يجوز أن تقام عليها مدرسة صناعية، والبيئة الصناعية لا يتناسب معها إقامة المدارس الزراعية على أرضها، وذلك لأن الهدف من المدرسة تقديم كافة الخدمات للطلاب على مختلف قدراتهم العقلية، وإمكانتهم التعليمية.

4. **طرائق التدريس:** إن طريقة التدريس التي هي أحد عناصر المنهاج لها أثر هام على تصميم المبنى المدرسي، فالتدريس بطريقة المشروع تتطلب أبعاداً محددة مغايرة عن تلك التي تحتاجها الطريقة الاعتيادية.

علاقة المبنى المدرسي بالبيئة

1. **الحاجات والميول والقدرات:** يجب أن يكون تخطيط البناء المدرسي مبيناً على معرفة شاملة بمراحل نمو الطفل وحاجاته وميوله وقدراته، وحاجات المجتمع المحلي يقول الدكتور جميل صليبا:" إن شروط المنهاج التربوي أن يكون مفصلاً على أبعاد الطفل، هذا المبدأ يوجب أن يكون البناء مفصلاً على أبعاد المنهاج، ويعني ذلك: إن أبعاد الأبنية المدرسية المعدة لمدارس الحضانة أو المدارس الابتدائية، يجب أن تكون مختلفة عن أبعاد الأبنية المخصصة للمدارس الإعدادية والثانوية"[1].

---

(1) .جميل صليبا– النواحي الإدارية للمباني المدرسية– ص58.

2. **الانسجام مع البيئة:** يجب أن لا تكون هناك فروق أساسية بين البناء المدرسي والبيئة لأن البناء المدرسي كلما كان منسجماً مع البيئة كانت آثاره إيجابية على العملية التعليمية وخاصة إذا علمنا إن من شروط التربية المدرسية أن تكون متممة للتربية البيئية، وهذا المبدأ يستوجب أن يكون بين البناء المدرسي والبناء المنزلي تكامل، ونحن نرى أن انفصال الطفل عن إطار الحياة المألوفة لديه انفاصل تام مخالف لمبدأ الملاءمة بين التربية والمجتمع[1].

---

(1) ماجدة محمود– الأبنية والتجهيزات المدرسية في العالم العربي ومشكلاتها ومطالب تطويرها.

العوامل الواجب مراعاتها قبل إنشاء المبنى المدرسي

1. المكان: يجب أن لا يتخذ القرار بمكان إنشاء المدرسة على عجل، بل على روية وتؤدة، فليس المهم إنشاء المباني المدرسية أينما كان، دون الأخذ بالاعتبار لمزايا هذا المكان والشروط الواجب توافرها فيه ومن ذلك.

أ- **موقعه بالنسبة للحي:** إن كل مدرسة تبنى يقصد منها أن تؤدي الخدمة لتجمع سكني معين، لذا يجب المواءمة بين الكثافة السكانية للحي وحجم المبنى المدرسي المراد إنشاؤه بحيث يتم استيعاب طلبة الحي دون أن يكون هناك زيادة في أعداد الطلاب في الغرفة الصفية الواحدة.

ب- **توفر المواصلات:** من المعروف أنه لا يمتلك جميع أولياء أمور الطلبة سيارات أو وسائط نقل لتوصيل أبنائهم إلى مدارسهم، وإن كان قد يحول عمل الأب دون ذلك، لذا يجب على من يقوم بالتخطيط لإنشاء المباني المدرسية أن يراعي أن تكون المدرسة في موقع متوسط في الحي، وأن تكون على شارع رئيس تصله السيارات، ومركبات نقل الركاب، فلا يضطر الطالب لاستخدام عربات النقل المسماة سيارات الطلب مما يرهق ولي الأمر.

ج- **يجب ان يراعي، عند** إقامة المبنى المدرسي لمدارس الذكور أن تكون بعيدة عن مدارس الإناث، درءاً للمشكلات.

2. **الشكل:** يجب أن يكون شكل البناء المدرسي جميلاً لأنه أول بيئة شبه مستديمة يقضي فيها الطالب وقتاً لا بأس به، بعد بيئته المنزلية، فالمبنى الجميل يبعث على الطمأنينة وصفاء النفس، ويعمل على تهذيب الخلق، وصقله يقول الأستاذ يوسف العفيفي" لا شك إن تجميل المكان يعد من عوامل تربية الذوق عند النشء، فنحن نتعلم عن طريق التقليد أكثر مما تتعلم عن طريق النصح والإرشاد، فاستخدام الستائر الجميلة ذات الألوان البهجة، وتزيين الجدران بالصور والتماثيل من صنع الطلاب والفنانين، واختيار التلاميذ لملابس جميلة ونظيفة، وتزويد الحجرات بالزهور وغرس الأشجار بالإفنية، واختيار ألوان البناء كل ذلك يساهم في خلق جو من الجمال والسعادة، له أكبر الأثر في تهذيب الأحداث[(1)].

3. **الصبغة الجمالية:** إن لجمال المبنى أثاراً كثيرة على شخصية الطالب، بإكسابه بعض العادات الحسنة، فالطالب الذي يتعلم في مدرسة جميلة، يقبل علىالتعلم ببهجة وسرور، ويقوم بتفاعل بناء أثناء مروره بالخبرات التعليمية، بعكس الطالب الذي يتعلم في مدرسة غير جميلة، فذلك يبعث في نفسه الضيق والكدر، لأن المحيط المادي له آثار واضحة على سلوك الطلبة والعاملين، وهذا يؤثر في نجاح أو إخفاق العمل، يقول محمد علي حافظ"إن المبنى المدرسي جزء لا يتجزأ من الفلسفة التعليمية، شأنه شان المعلم والكتاب المدرسي والمنهاج، وطرائق التدريس، وتأثير المبنى المدرسي يتعدى كونه مجرد ناد او مجتمع خدمات، إلى ما له من

---

(1) يوسف العفيفي– المباني المدرسية– ص48.

16

تأثيرات تربوية ونفسية وصحية لا تقل أثراً في شخصية الطالب عـن أي مؤثر آخر"[1].

3. التوافق بين الهدف والمبنى المدرسي: يجب أن لا يخرج تصميم المبنى المدرسي عن الهدف الذي أنشيء لأجلـه، فالمدرسة إنما وجدت لتقديم الخدكات التعليمية لجميع أبناء الحي الذي أنشئت فيه وليس من أجل إظهار المزيد من الترف والفخفخة، الذي يستنزف الكثير مـن ميزانية الدولة في ما لا طائل منه ولا جـدوى يقـول أيـدجار فـور:" إن مثل هذا التصرف لن يصبح حملاً ثقيلاً مضراً بميزانية التربية فحسب بل إن من شأنه أيضاً أن يوجه التربيـة توجيهاً غـير سـليم في تطورها ونموها، وبخاصة إذا عرفنا أن ربط التربية بالتنمية بالوسط والمحيط يتـأتى أكـثر مـا يتـأتى بحلـول أخـرى مناقضة تماماً للإتجـاه إلى إنشـاء المدارس على الطراز التقليدي"[2].

فالعلاقة وثيقة بين المبنى المدرسي والغاية من إنشائه.

---

(1) محمد علي حافظ- التخطيط للتربية والتعليم- ص371.

(2) ايدجار فور- تعلم لتكون- ص199.

المرافق الأساسية

يجب تزويد المبنى المدرسي بالمرافق الأساسية التي يحتاجها

1. **المختبر:** يجب أن يتناسب المختبر وعدد طلاب المدرسة، وأن تتعدد المختبرات العلمية مختبر للفيزياء وآخر للأحياء وثالث للكيمياء وتبعاً للمرحلة الدراسية التي خصصت المدرسة لها وأن تكون سعة المختبر ملائمة وطلاب الفصل الواحد، وأن يكون في مكان مناسب والحجرات الدراسية حتى يكون الانتقال منها وإلى المختبر بسهولة، دون إحداث فوضى أو تأثير على باقي الصفوف وأن تزود هذه المختبرات بالأدوات والمواد اللازمة لإجراء التجارب، تحت إشراف كل من معلم المادة وقيم المختبر.

2. **المكتبة:** أن تكون الحجرة المخصصة للمكتبة في مكان يسهل الوصول إليه والخروج منه وأن تكون مساحتها مناسبة لاحتواء الكتب والمراجع والقصص والمجلات، وأن تتسع لعدد طلاب الصف حيث يدور فيها حصة مكتبية بأريحية تامة، ويمكن استغلال المكتبة لإجراء حصة بالاستعانة بالتلفزيون التربوي أو الإذاعة المدرسية، أو استخدام جهاز التسجيل لتشغيل أشرطة التسجيل المصورة وكل ذلك يتطلب أن تتسم المكتبة بمساحة ملائمة تزيد كثيراً من مساحة الغرف الصفية، وإذا ما شعر الطلاب بضيق المكان فإن ذلك يبعث في نفوسهم الضيق والسأم والملل يقول الدكتور راسل.. ج. دافير:"إن الأماكن الضيقة والأشكال المنكرة التي تدعو إلى الملل والقذارة

والحدود المقيدة للحرية في استخدام بعض الأماكن والأشياء المؤدية إلى تقليل حب الاستطلاع والسلوك الاكتشافي، وتشجع علىالحفظ عن طريق التكرار والاستجابات الروتينية، إن امتلاك مساحة للعمل الفردي قد شجع على الشعور بالأمان، ويزيد من القدرة عل بالتركيز إلا أنه في النهاية يكون من الصعب تقدير العلاقة الضئيلة بين المبنى المادي وعملية التعلم"[1].

3. **الملاعب:** تتنوع الألعاب الرياضية فمن كرة القدم وكرة السلة إلى كرة الطائر، وكرة اليد واماكن تخصص لألعاب القوى المختلفة، فيجب علىالمدرسة أن تستوعب هذه الألعاب الرياضية حتى يجد كل طالب ما يشبع حاجاته وميوله تبعاً لخصائص نموه وقدارته العقلية والعمرية، وأن تكون هذه الملاعب مزودة بوسائل السلامة بحيث يمارس كل طالب هوياته دون خوف أو وجل، وأن تكون مهيأة لاستقبال طلاب صفين أو أكثر إذا صادف وجود شعبتين في آن واحد، ويجب أن تكون هذه الملاعب في مدارس للإناث مغايرة عن ملاعب مدارس الذكور، حيث ملاعب الإناث تكون محاطة بأسوار عالية حتى لا تكون مكشوفة لمن هم يسيرون في الشارع.

4. **الحديقة:** يجب أن تكون الحديقة تشغل مساحة كبيرة حيث تزرع فيها الأشجار المثمرة دائمة الخضرة ومتساقطة الأوراق وأن تخصص مساحات أخرى لزراعة النباتات الفصلية وثالثة لزراعة النباتات

---

(1) راسل.ج. دافييز – تخطيط تنمية الموارد البشرية– ص9.

الطبية والأزهار وغيرها حتى تكون الحديقة متنفساً للطلبة ومبعث جمال وزينة وأن تكون وسيلة تعليمية يمكن الرجوع إليها عند الحاجة.

5. **المرافق العامة:** وتشمل اماكن الشرب فيجب أن تكون في أكثر من مكان واحد حتى لا يكثر الزحام على هذه الأماكن خاصة في وقت الإستراحة، وكذلك أماكن الحمامات يجب أن تكون متعددة وفي أكثر من ناحية في المدرسة تلافياً لتدافع الطلبة أثناء دخولهم أو خروجهم منها.

6. **المقصف المدرسي:** حيث يكون في مكان بارز في المدرسة وله عدة نوافذ أو مستلزمات مدرسية بأسعار منافسة، لا يحتاج الطالب بعدها بأن يخرج خارج المدرسة لتوفير حاجاته ومستلزماته.

المراجع

1. أيدجارفور- تعلم لتكون- ترجمة حنفي بن عيسى- الطبعة الثانية- الجزائر - الشركة الوطنية للنشر والتوزيع- 1976.

2. جميل صليبا- النواحي الإدارية للمباني المدرسية- صحيفة التخطيط التربوي في البلاد العربية- السنة السادسة- العدد السادس عشر- بيروت- 1968.

3. راسل.ج. دافييز - تخطيط التنمية للموارد البشرية- نماذج ومخططات تعليمية - ترجمة سمير لويس سعد واحمد محمد تركي- مكتبة الإنجلو المصرية - القاهرة- 1977.

4. صموئيل مغاريوس- الصحة النفسية والعمل المدرسي- الطبعة الثانية- القاهرة - النهضة المصرية - 1974.

5. عبد الله عبد الدايم- مشروع خطة للأبنية المدرسية في البلاد العربية- صحيفة التخطيط التربوي في البلاد العربية- السنة السادسة - العدد السادس عشر- بيروت- 1968.

6. ف. كوفيير- أزمة التعليم في عالمنا المعاصر- ترجمة أحمد خيري كاظم وجابر عبد الحميد- القارة- دار النهضة العربية- 1971.

7. ماجد محمود- الأبنة والتجهيزات المدرسية في العالم العربي ومشكلاتها ومطالب تطويرها- السنة الثالثة- العدد التاسع عشر- بيروت-1976.

8. محمد علي حافظ - التخطيط للتربية والتعليم- القاهرة- المؤسسة المصرية للتاليف والنشر-1965.

الخطة التربوية

مدير التربية والتعليم

مدرسة　　　　الخطة الإدارية (الفصل الأول) للعام الدراسي/　　　　اسم المدير

الأشهر	الأهداف المراد تحقيقها	الأسلوب المتبع	الوسيلة المستعملة	الصعوبات المتوقعة	التقييم
شهر آب أيلول	1. ما يتعلق بالمعلمين: أ- حصر أعداد المعلمين المتوفرين في المدرسة وحصر النقص والزيادة في ضوء التشكيلات المدرسة. ب- وضع منظور معني لعام دراسي جديد.	أ- الرجوع للسجلات والبيانات المتوفرة وكذلك رؤية الواقع. ب- عن طريق الاجتماعات مع المعلمين واستنباط النتائج في ضوء الآراء. ج- عن طريق تحديد المسؤوليات وإصدار	أ- الاجتماعات الفردية والجماعية. ب- استعمال البيانات والإحصاءات والسجلات المختلفة والوثائق وكتب التربية المتوفرة. ج- استخراج الآراء	أ- نقص في المعلمين المطلوبين. ب- نقل بعض المعلمين بشكل غير متوقع. ج- تعليمات جديدة غير متوقعة. د- تأخير البعض في وضع الخطط الدراسية.	

تابع شهر آب وأيلول	ج- توزيع برنامج توزيع الدروس والمباحث على المعلمين وفق رغباتهم وقدراتهم. د- تكليف المعلمين بوضع الخطط الدراسية اللازمة وإنجاز ما يطلب منهم بعد تنظيم قوائم وكتابة أسماء لتوزيع الكتب المدرسية وجمع التبرعات المدرسية.	المسؤوليات وإصدار الأوامر. د- عن طريق استخراج الآراء وإبداء الرغبة. ه- توزيع القرطاسية اللازمة وإبداء التوجيهات والقيام بعمليات الإرشاد.	وجس القدرات بين المعلمين لاتقان التوزيع ما أمكن. د- الإحصاءات المختلفة.	ه- عدم استقرار المدرسة بشكل عام و- كثرة الفقراء والمطالبة بتخفيض التبرعات المدرسية. ز- نقص أو زيادة في حاجات الطلاب من الكتب المدرسية.	

الأشهر	الأهداف المراد تحقيقها	الأسلوب المتبع	الوسيلة المستعملة	الصعوبات المتوقعة	التقييم
تابع شهر آب أيلول	2. ما يتعلق بالطلاب: أ- امتحانات الإكمال. ب- نقل الطلاب من المدرسة وإليها. ج- تأمين الطلاب بالكتب المدرسية المختلفة. د- متابعة توفير الزي المدرسي لجميع الطلاب. ه- تنظيم الصفوف الدراسية وترفيع الناجحيم وترسيب المتسربين.	أ- وضع برنامج للامتحان. ب- إجراء الامتحان وتصحيحه ورصد العلامة. ج- والقيام بعملية التنظيم على أرض الواقع بمساعدة المعلمين. د- كتابة أوراق النقل وتأمين الملفات وتفقدها من قبل المعلمين.	أ- الزيارات المباشرة للصفوف والإطلاع المباشر. ب- تفقد قوائم التسليم ومراجعة الطلاب بهذا الشأن. ج- فحص الطلاب وتفقدهم. د- عن طريق المعلمين والمدير عن طريق الإذاعة المدرسية.	أ- تسرب بعض الطلاب إلى صفوف أعلى. ب- قدوم المزيد من الطلابإلى المدرسة بسبب الاستغناء عن المباني المستأجرة والسكن في التطوير, ج- تأخر استكمال لبس الزي الموجود بسبب فقر بعض الأسر. د- بعض المخالفات من الطلاب بسبب عدم تفهمهم للأنظمة	

تابع شهر آب وأيلول	و- توجيهات لجميع الطلاب التقييد بالتعليمات والأنظمة المدرسية. ز- تأمين لطلاب بالمعلمين اللازمين. ح- استقبال الطلاب الجدد. أ- ما يتعلق بالنباء المدرسي.الأصلاح التالف من الأشياء. ب- المحافظة على نظافة البناء وسلامته وتفقد جميع مرافقه.	٥- التنبهات والتوجيهات عبر الإذاعة المدرسية. و- توفير المناخ الملائم للطلاب بتوزيع المناوبة على الاساتذة. أ- التفقد للبناء ومحتوياته ومرافقه. ب- حصر ما هو بحاجة لإصلاح. ج- توفير أدوات التنظيف	أ- الاستعانة بمعلم التربية المهنية. ب- إصلاح ما يجب إصلاحه. ج- استعمال أدوات التنظيف المختلفة.	وخاصة الطلاب الجدد. أ- عدم السرعة في التنفيذ. ب- عدم توفر المادة في ذلك الزمن. ج- عجز معلم التربية المهنية عن بعض الإصلاحات.	تم بعضه ولا يزال البعض الآخر ينتظر زوال الصعوبات

الأشهر	الأهداف المراد تحقيقها	الأسلوب المتبع	الوسيلة المستعملة	الصعوبات المتوقعة	التقييم
تشرين الأول	1. ما يتعلق بالمعلمين على اللجان المختلفة والطب إليهم لتوزيع الطلاب على مختلف الأنشطة. 2. متابعة التحضير. 3. الزيارات الصفية لكافة المعلمين وفق جدول وتدوين الملاحظات وتوجييهم للتحضير اللائق.	أ- توزيع المعلمين على اللجان المختلفة والطلب إليهم لتوزيع الطلاب على مختلف الأنشطة. ب- متابعة التحضير. ج- الزيارة الصفية لكافة المعلمين وفق جدول وتدوين الملاحظات وتوجيههم للتحضير اللائق.	أ- الزيارات المباشرة. ب- التفتيش على التحضسر- وتوقيع الدفاتر. ج- متابعة تنفيذ الأنشطةز د- عقد الاجتماعات الفردية والجماعية بين المعلمين.	أ- عدم القيام بالنشاطات كما يجب. ب- وجود ضعف لدى بعض المعلمين في الأداء. ج- عدم سلامة التحضية الذي يحقق الأهداف وتصويب جميع الدفاتر.	

تابع تشرين الأول	1- ما يتعلق بالطلاب: أ- زيارة الطلاب في صفوفهم. ب- الإطلاع على مدى تحصيلهم. ج- الإطلاع على استعدادهم للنشاطات المختلفة. د- متابعة ما تم التخطيط له في الشهر الماضي وإجراء فحص الشهرين. ه- تقييم ما تم إنجازه من نشاطات والتخطيط للمدير. 2- ما يتعلق بالنباء المدرسي: أ- تقييم البناء من جميع النواحي الصحية وصلاحية المرافق. ب- إكمال نقص البناء.	أ- الزيارات في الصف. ب- الإطلاع على كراسات الطلاب ومناقشتهم في المادة المقطوعة. ج- رؤية النشاطات المختلفة. د- الاستفسار عن مشكلاتهم الصفية. وغيرها إن وجدت. أ- التفق المسترم . ب- الإصلاح إن وجد.	أ- الزيارات والتقويم والتصويب. ب- ساتحدات أساليب جديدة في النشاط والتحصيل. ج- حل المشكلات البارزة أثناء الفترات الماضية. د- تقييم النشاطات المتميزة. أ- زيارة المرافق. ب- استدعاء من يقوم بالتصليح بالإضافة إلى مصلحة التربية.	أ- قصور في التحصيل. ب- قصور في تنظيم الكرسات والكتابة. ج- إهمال في تأدية النشاطات أوتقاعس. د- مشكلات صفية وتحصيلية. أ- عدم توفر المادة. ب- صعوبة توفير من يقوم بالإصلاح.	

الأشهر	الأهداف المراد تحقيقها	الأسلوب المتبع	الوسيلة المستعملة	الصعوبات المتوقعة	التقييم
تشرين الثاني	1- ما يتعلق بالطلاب. أ- إكمال الزيارات الصفية. ب- الإطلاع وتحليل اختبارات الشهرين وما قبلها. ج- تطبيق خطة النشاطات المدرسة بشكل متكامل وإشراك الطلاب فيها. د- الدعوة لمجلس الأباء والمعلمين وإطلاعهم على نتائج نشاطات الضعف. هـ- معالجة مشاكل الضعف.	أ- الزيارات الصفية. ب- توقيع دفاتر العلامات الخاصة للطلاب والإطلاع عليها وتحليل النتائج. ج- الممارسة الفعلية للنشاطات المختلفة مباريات إعداد الفرقة الكشفية واكتمال إعدادها النظافة العامة التشجير الوطني زيادة عدد المجلات (مجلات الحائط). د- اجتماعات فردية	أ- الزيارة من قبل مدير المدرسة., ب- ختم دفاتر العلامات والإطلاع عليها. ج- واقعية سير النشاطات والإشراف عليه. د- مراجعة ما تم من نشاط رياضي ونشاط ثقافي. هـ- لقاءات بين المدير والمعلمين وبين المعلمين مجتمعين مع المدير.	أ- وجود بعض حالات الضعف لدى الطلاب. ب- وجود بعض الثغرات في التحضير عند المعلمين. ج- تقاعس في النشاطات. د- بروز مشاكل صفية.	

تابع تشرين الثاني	2- ما يتعلق بالمعلمين. أ- اكمال الزيارة الأولى وإبداء الملاحظات. ب- رفع كفاءة المعلمين.	وجماعية وعقد اجتماعات تربوية من أجل تبادل الخبرة ورفع الكفاءة. هـ- عقد مجلس الآباء والمعلمين. أ- زيارة المعلمين. ب- الاجتماعات وإبداء الرأي.	و- التشاور مع مجلس الآباء. أ- تبادل الرأي حول الأساليب المتبعة في التدريس ومعالجة الضعف. ب- عقد اجتماع عام يضم جميع الآباء والمعلمين	أ- وجود بعض الضعف لدى آداء المعلمين.	

تابع تشرين الثاني	3- ما يتعلق بالنباء المدرسي: أ- المحافظة التامة على البناء المدرسي. ب- صيانة البناء من الداخل ومن الخارج وتوفير مستلزمات البناء من نيونات وتصليح المرافق الصحية وغيرها.	أ- القيام بحملات نظافة وصيانة في المدرسة في الساحات والممرات. ب- شراء مستلزمات البناء من نيونات وحنفيات وغيرها.	أ- الشراء وعمل المناقصات اللازمة. ب- تطبيق الخطة بما يتعلق في النشاطات المختلفة. ج- التنسيق مع الجهات الرسمية.	أ- عدم توفير المادة اللازمة. ب- ربما يحدث صغوبات من جراء تداخل الأمور العطل الإمكانيات والظروف. ج- عدم تعاون من جانب آخر.	

الأشهر	الأهداف المراد تحقيقها	الأسلوب المتبع	الوسيلة المستعملة	الصعوبات المتوقعة	التقييم
شهر كانون أول	1- ما يتعلق بالمعلمين: أ- عقد اجتماعات مع المعلمين لمناقشة ما يستجد من أمور. ب- التأكد من التمشي مع الخطة الدراسية ج- الإشراف على سير امتحانات نصف السنة والتأكد من كفاءة المعلمين باستيفاء شروط الأسئلة لكل منهم:	أ- الاجتماعية الفردية والجماعية. ب- مشاهدة التحضير وتدرجها مع الخطة. ج- مناقشة الأسئلة مع المعلمين كل على حدة والإطلاع على شروط الأسئلة المختلفة. د- رؤية الدفاتر والتوقيع عليها.	أ- الاجتماعات. ب- المشاهدة وتدقيق الدفاتر. ج- الاجتماعات الفردية. د- الإطلاع على الدفاتر المختلفة.	أ- عدم تمشي- التدريس وفقاً للخطة والقيام بتصويب ذلك. ب- عدم القدرة على وضع الأسئلة بشروطها. ج- عدم التحضير بالشكل اللائق.	

	2- ما يتعلق بالطلاب. أ- تنوجيه الطلاب للجد والاجتهاد والاستعداد للامتحانات. ب- القيام برحلة إلى منطقة الأغوار. 3- ما يتعلق بالنباء المدرسي أ- متابعة الصيانة	أ- التوجيه عن طريق الإذاعة المدرسية بشكل مكثف من قبل المدير والمشرف على الإذاعة المدرسية. ب- الحافلات. أ- تفقد البناء والمرافق باستمرار	- الإذاعة المدرسية. - الحافلات. الزيارة الميدانية	أ- عدم الاستجابة التامة واكتشاف بعض القصور في التحصيل العلمي. وجود بعض المرافق غير صالحة.	تم

الخطة الإدارية الفصل الثاني 97/96

الأشهر	الأهداف المراد تحقيقها	الأسلوب المتبع	الوسيلة المستعملة	الصعوبات المتوقعة	التقييم
شهر شباط	1- ما يتعلق بالمعلمين. أ- متابعة الإطلاع على مختلف نشاطات المعلمين ودفاترهم. ب- الإطلاع على دفاتر العلامات بشكل خاص لرؤية النتائج. ج- تنفيذ برنامج تبادل الزيارات بين المعلمين. د- المشاركة من قبل المعلمين في مجلس الآباء والمعلمين.	أ- المشاهدة والإطلاع. ب- التنظيم وضع البرامج. ج- المشاركة في الزيارة المتبادلة. د- توجيه الدعوة للآباء لحضور مجلس الآباء والمعلمين.	أ- البرنامج لتبادل الزيارات. ب- الدعوة.	أ- صعوبات تتعلق بالزيارات وشغل الصف للمعلم الزائر عندما يقوم بالزيارة. ب- عدم استجابة أولياء أمور الطلاب للدعوة الآباء والمعلمين.	

تابع شهر شباط	2- ما يتعلق بالطلاب: أ- الإطلاع على نتائجهم وحصر- الجميع على المواظبة وتحسين مستوى التحصيل. 3- ما يتعلق بالبناء المدرسي أ- متابعة الصيانة وتفقد البناء	أ- دراسة النتائج وتحليلها. أ- التفقد والمشاهدة والزيارة للمرافق	أ- ما يجب	أ- شكوى بعض أولياء أمور الطلاب من تدني تحصيل أبنائهم. أ- وجود بعض المرافق بحاجة لإصلاح.	

الأشهر	الأهداف المراد تحقيقها	الأسلوب المتبع	الوسيلة المستعملة	الصعوبات المتوقعة	التقييم
شهر آذار	أولاً ما يتعلق بالمعلمين: أ- تدقيق وتوقيع دفاتر المعلمين والسجلات كالمعتاد. ب- عقد اجتماعات فردية وجماعية تربوية من اجل تبادل الخبرات والآراء. ج- مناقشة وتوجيه المعلمين بما يستجد.من شوؤنهم.	أ- الملاحظة والمشاهدة. ب- الاجتماعات الفردية والجماعية.	أ- غرفة المعلمين. ب- التوقيع	أ- إغفال بعض المعلمين بشان التحضير أو تعبئة السجلات كما يجب. ب- وجود بعض الثغرات في التحضير وبروز مشاكل تتعلق بالكفاءة.	

تابع شهر آذار	ثانياً: ما يتعلق بالطلاب: أ- زيارتهم ميدانياً والإطلاع على نشاطاتهم المختلفة. ب- متابعة توجيههم سلوكياً وتربوياً.	أ- الزيارات الصفية. ب- ملاحظة أعمال الطلبة. ج- ممارسة التخطيط والتنفيذ المرحلة من قبل لجنة الرحلات والنشاطات بإشراف الإدارة.	أ- الصف. ب- كراسات الطلاب. ج- الحاملات.	أ- ظهور قصور في المتابعة وتصحيح الكراسات. ب- وجود ثغرات تربوية تتعلق بالكفاءة والقدرة على التدريس.	
	أولاً: ما يتعلق بالبناء المدرسي: أ- متابعة تفقد البناء من الداخل والخارج وكذلك المرافق المختلفة والتأكد من سلامتها. ب- إصلاح ما قد يتلف من اللوازم الخاصة بالبناء إن وجدت. ج- متابعة نظافة البناء المدرسي.	أ- الجولات المستمرة والتفقد. ب- تحديد التلف. ج- حملات نظافة من الطلاب والمعلمين إن لزم ومتابعة أعمال الآذنة	أ- أصحاب الحرف اللازمة. ب- أدوات التنظيف المختلفة.	أ- ضعف الإمكانات المادية إن حدث تلف كبير.	

الأشهر	الأهداف المراد تحقيقها	الأسلوب المتبع	الوسيلة المستعملة	الصعوبات المتوقعة	التقييم
شهر نيسان	1- ما يتعلق بالمعلمين أ- متابعة تنفيذ ما سبق وأن اتفق عليه في الخطة السابقة وسد الثغرات الحاصلة. ب- استعراض ما قام به المعلمون والطلاب من وسائل تلعيمية.	عن طريق الإشراف على: أ- سير الخطة الجديدة وتغيير في أسلوب التدريس وفق أحدث الطرق المتبعة. ب- حل المشكلات المستجدة.	1- الإشراف والتوجيه من جديد 2- المناقشة الفردية والجماعية.	أ- وجود ثغرات في تطبيق الخطة. ب- عدم توفر وسائل تعليمية كافية.	
	2- ما يتعلق بالطلاب: أ- التأكد من سيرهم في الدراسة واتباع العادات الصحية.والسلوك القيم وزيادة التحصيل الدراسي.	أ- تفقد أعمال الطلاب ورؤية الكراسات وما عملوه من وسائل تعليمية والعوجة	طلب عينة من أعمال وكتابات الطلاب وسلامة نطقهم	أ- وجود ثغرات سلوكية.	

تابع شهر نيسان	3- ما يتعلق بالنباء المدرسي: أ- سلامة البناء وصلاحيته بمرافقة المختلفة.	لمراقبة وملاحظة سلوكهم الجديد الإشراف والمتابعة لعمل الآذنه والتأكد من سلامة البناء المدرسي باستمرار.	وتحصيلهم وأعمالهم الكتابية. تفقد البناء من جديد وخاصة دورات المياه والإنارة بعد أن تم إصلاح التالف منها.	أ- وجود مرافق بحاجة لإصلاح يحول دون ذلك ضعف الإمكانيات.	

الأشهر	الأهداف المراد تحقيقها	الأسلوب المتبع	الوسيلة المستعملة	الصعوبات المتوقعة	التقييم
شهر أيار	1- ما يتعلق بالمعلمين أ- التأكد من غكمال تدريس المنهج. ب- وضع الأسئلة النهائية للعام الدراسي. ج- توفير الجو المناسب والقيام بيوم النشاط الختامي للعام الدراسي	1- الزيارة والأسئلة والتفقد. 2- مناقشة الأسئلة مع المعلمين والتأكد من وضوحها وشمولها والمصادقة عليها.	الإطلاع على الأسئلة ومناقشة نواحي موضوعها وشمولها ومناسبتها للطلاب عن طريق الاجتماع لكل معلم.	أ- عدم اتمام المنهاج. ب- عدم وضع الأسئلة النموذجية التي تتفق وقدرات الطلاب.	
	2- ما يتعلق بالطلاب: أ- استعراض أعمال النشاط. ب- تهيئة الجو والإرشاد لامتحان نهاية العام الدراسي.	1- إشراكهم في يوم النشاط والكشف عن قدراتهم المختلفة وتشجيعهم. 2- توجيههم للدراسة	1- استعمال الساحات والإذاعة المدرسية والمشاركة في خدمة البيئة.	1- ربما لا نستطيع إقامة معرض عام للنشاطات.	

	3- ما يتعلق بالبناء المدرسي أ- التأكد من سلامته وإمداده للعام القادم.	والاستعداد للامتحان النهائي. 3- توزيع الجوائز على المتفوقين. - إعادة تفقد البناء المدرسي	2- شراء بعض الجوائز. - إصلاح ما يمكن أن يبقى دون إصلاح.		

الوحدة الثانية
الإدارة المدرسية

المقدمة

الإدارة المدرسية: ليست عنصراً مـن عنـاصر المنهـاج، وليسـت هـي عنصراً مـن عناصر العملية التربوية، ولكنها العامل الأهم التي تأخذ عـلى عاتقهـا، تفعيل العمليـة التربوية، وتسيير دفتها نحو تحقيق الأهداف، لأنها لم تعد غاية بحد ذاتها، بل أصبحت وسيلة لغاية هدفها تحقيق العملية التربوية الاجتماعية تحقيقاً وظيفياً، وأصبح محـور عمل الإدارةالاهتمام بالطالب" الذي هومحور العملية التربويـة" مـن جميـع النـواحي العقلية والجسدية والانفعالية والروحية واهتمت بالفروق بالفردية للتلاميذ، لذا غدت مهمة الإدارة إعداد الطالب للحياة، لا تلقينهم المعلومات واستظهارها فالإدارة والحالة هذه: العمل على تحقيق أهداف المدرسة من خلال قيادتها.

أنواع الإدارات

1. **الإدارة الاتوقراطية**: هي الإدارة التي كانت سائدة قبل عدة عقود.

إدارة تسير وفق ما أراد له المدير أن تسير، فهو يحب من يوافقه، ويكره من يخالفه، لا يحب المناقشة في اجتماعاته القصيرة، المدير يرسم ويخطط، والجميع ينفذ ويطيع، الكل يسير على حسب ما خطط المدير، ويقاس جهد المعلم بمقدار ما يظهره الطلبة أمام المفتش.

2. **الإدارة الديمقراطية**: هي الإدارة التي تسود أيامنا هذه.

إدارة تتوزع فيها الصلاحيات والمسؤوليات، يناقش المدير القرارات قبل توقيعها يستمع لجميع الأطراف من معلمين وطلاب، ولا ينفرد بقرار، إدارة تهتم بالإبداع والابتكار، ولا تهتم بحفظ المعلومات والاستظهار، توزع الأدوار، فكل يعرف حقوقه وواجباته في تناسق جميل، فهم يشاركون في العمل على تحقيق الأهداف وتحمل المسؤولية، فالجميع راضون بعملهم، بلا تذمر أو شكوى.

ميزات الإدارة الديمقراطية

1. توفير المناخ الملائم للتعليم، وذلك لعدم وجود مشاكل سواء من المعلمين أو الطلاب، لأنهم شاركوا في وضع القرارات فهم يميلون لتنفيذها بحماس.
2. القرارات التي تصدر عنها قرارات إيجابية تعاونية، ولا وجود للقرارات الفردية.
3. تشجع النمو المهني للمعلمين ، وتزيد الثقة في النفس، وتحمل المسؤولية.

المبادئ الأساسية للإدارة[1]

1. **التخطيط:** المدير الناجح هو الذي يخطط للأعمال الإدارية ويجب أن تكون خطته متكاملة وقابلة للتنفيذ ومرنة، وحتى تكون الخطة حائزة على رضى الجميع على المدير أن يكون على وعي تام ومسبق بحاجات المعلمين وقدراتهم، مما يساعد على توزيع المسؤولية بشكل مناسب، ويعود بالنفع على العملية التربوية.

---

(1) محمد منير مرسي– الإدارة التعليمية أصولها وتطبيقها ص 67–70.

تشمل الخطة الإدارية:

أ- الفعاليات الإدارية.

ب- المبنى المدرسي ومرافقه.

ج- النشاط الصباحي.

د- التنظيم المدرسي.

ه- المجالس المدرسية.

و- الأنشطة المدرسية.

ز- استخدام التقنيات العلمية والمرافق المدرسية.

ح- خدمة المجتمع المحلي.

2. **التنظيم:** عندما ينظم المدير أعماله ويعد خطة ناجحة، تكون المهام الإدارية تسير بسلاسة ، ودون تعقيد، او تشكي من أحد، فالكل يعرف ماله وما عليه، فيؤدي مهامه بأمانة ودقة وصدق دون إثارة مشكلات هنا أو هناك.

3. **التوجيه:** يقوم المدير الناجح بتحديد مستوى العاملين، ومستوى أدائهم، ثم يوجههم ويؤثر عليهم مما يجعلهم يسخرون عزائمهم لتحقيق الأهداف العامة.

4. **النمو الذاتي:** المدير الناجح هو الذي يطور نفسه، بتجديد معلوماته، وتوسيع ثقافته ويتقبل تجارب الآخرين، ويحترم خبراته ولا يعتبر إن أسلوبه هو الأمثل، فهو لا يتقوقع على نفسه. مع

الآخرين بعدالة، ويطبق التعليمات والأنظمة بمرونة بعيداً عن الجمود؛ وذلك لخلق روح الابتكار والإبداع بين العاملين.

5. **بنـاء العلاقـات الاجتماعيـة والإنسـانية:** إن للعلاقـات الإنسـانية والاجتماعية أثراً بالغاً على تنفيذ المهام بأريحية بالغة، فالمـدير النـاجح حريص عـلى الاسـتماع إلى اقتراحات المعلمـين والطلبة وأوليـاء الأمـور مشجعاً أيـاهم عـلى إبـداء الـرأي، ووضـع حلـول مقترحـة للمشـكلات التعليمية مما يساهم في إيجاد مناخ ملائم للـتعلم والتعليـم، مبني علىالاحترام المتبادل والثقة.

6. **التقويم:** إن التقويم ضروري للحكم على مقدار النجاح، ومدى تحقيـق الأهداف، بحيث يشعر كل واحد من العاملين مـا الـذي حققـه؟ ومـاذا عليه أن يفعل ليحسن الأداء؟ ذلك لوضع المعايير التي تمكن المعلم من مراجعة الخطط في ضوء تحقيق الأهـداف، وللتقويم وسـائل متعـددة منها جمع البيانات، والإحصاءات وتحليلها، وعمل الاستفتاءات وإجـراء الاختبارات والملاحظة المباشرة.

أدوار مدير المدرسة

1. **تطوير المعلمين وتنميتهم مهنياً:** يعمل المدير على تطوير كفايات المعلمين معرفياً ومسلكاً وذلك عن طريق تعريفهم بخصائص الطلاب من جميع المستويات والنواحي ومراعاة بخصائص الطلاب من جميع المستويات والنواحي ومراعاة الفروق الفردية بينهمن والتنوع في طرائق التدريس، ومطالعة ما استجد من مفاهيم وحقائق ومعلومات جديدة، هذا من الناحية المعرفية أما من الناحية المسلكية فتتضمن إكساب المعلمين القدرة على إدارة الصف وتحقيق الانضباط الصفي عن طريق التخطيط الجيد، والقدرة على التفاعل الصفي الإيجابي، واستخدام وسائل الاتصال المختلفة، واستخدام الوسائل التعليمية اللازمة وإعدادها وانتاجها والقدرة على تقويم الطلبة باستخدام وسائل التقويم المختلفة وإعدادها، وبناء العلاقات الإجتماعية والإنسانية بين المعلمين أنفسهم، وبين المعلمين والطلبة وبين الإدارة وبينهم.

2. **تحسين تنفيذ المناهج وإثرائه:** المنهاج غايته تحقيق الإهداف التربوية العامة بجوانبها المعرفية والانفعالية والمهارية وحتى يصل المنهاج إلى الأهداف المرجوة على المدير أن يعمل على إثرائه عن طريق تفعيل دور المكتبة والمختبر والإذاعة المدرسية وتوفير الأنشطة المدرسية المتنوعة الملائمة لحاجات الطلبة وميولهم، والأنشطة الصفية والأنشطة اللاصفية، واستخدام الوسائل التعليمية وانتاجها.

3. **علاقة الإدارة المدرسية بالطلاب** [1]: على الإدارة معرفـة ميـول وحاجـات واتجاهات الطلبة ورغباتهم، وتوفير الأنشطة المتنوعة والمتعددة وتهيئة المناخ الملائم ليمارس كل طالب حقه في ممارسة نشاطه الـذي يختـاره، والعمل على إقامة علاقة اجتماعية إنسانية بين الطلبة أنفسهم، وبين الطلبـة والمعلمـين، وبـين الطلبـة والإدارة تكـون مقامـة علـى الاحتـرام المتبـادل، وأن تقـوم الإدارة بتوعيـة الطـلاب حـول أسـس النجـاح والرسوب، وتعليمات الانضباط المدرسي، وأن تتعرف الإدارة على مشاكل الطلاب وتحليلها والعمل على وضع الحلول المناسبة لها.

4. **توثيق الصلة بين المدرسة والمجتمع المحلي:** المدرسـة يجـب أن تكـون منارة للمجتمع المحلي فلا يقتصر دورها على تزويد الطلبة بالمعلومات عن طريق الخبرات التي يمرون بها، بل يجب إشراك المجتمع المحلي في تحمل قسط من أعباء المدرسة، والتعاون بين المعلمـين وأوليـاء الأمـور، عـن طريـق مجـالس الآبـاء والمعلمـين والزيـارات الدوريـة، وحضـور الحفلات وإحياء المناسبات، والمساهمة في حل المشكلات التي توجهها المدرسة [2].

5. **الإشراف علـى النبـاء المـدرسي ومرافقـه وأثاثـه والعمـل علـى** تفقـده، وصيانته والعمل على تنظيف خزانات المياه، وتوفير الأدوات

---

(1) اتجاهات جديدة في الإدارة المدرسية- ص (137-144).

(2) الإدارة التعليمية - محمد منير مرسي- ص 21- مرجع سابق.

اللازمـة لإجـراء التجـارب المخبريـة وامـداد المكتبـة بالكتـب والمراجـع اللازمة، وإجراء خطط توعية مـن أجـل المحافظة عـلى البنـاء المـدرسي وأثاثه.

مدير المدرسة كمشرف مقيم

إن أهم الأدوار التي يقوم بها مدير المدرسـة هـو دور المشرف التربـوي، وحتـى يستطيع المدير أن يقوم بـدوره جيداً، وتكون مهمتـه نافعـة، يجـب أن يكـون المـدير مؤهلاً علمياً ومسلكياً، وان يكون واعياً لأهداف الإشراف التربوي منها:

1. تحسين العملية التربوية والعمل على تحقيق الأهداف التربوية العليا.

2. مساعدة المعلمين على النمو المهني.

3. مساعدة المعلمين على فهم المنهاج المدرسي وتحليله وإثرائه وتنفيذه.

4. مساعدة المعلمين على إقامة علاقات اجتماعية وإنسـانية بـين المعلمـين أنفسهم وبينهم وبين الطلبة.

5. تشجيع المعلمين على الابتكار والإبداع.

6. مساعدة المعلمين على التخطيط الجيد، واسـتخدام الوسـائل التعليميـة المتوفرة والخامات المتاحة.

7. مساعدة المعلمين عـلى خلـق البيئـة الصـفية المناسبة للتعليم وإثـارة الدافعية لدى الطلاب، مع مراعاة الفروق الفردية بينهم.

8. مساعدة المعلمين على التقويم، واستخدام الوسائل التقويمية المناسبة.

الأساليب الإشرافية لمدير المدرسة

1. **زيارة المعلم في الصف:** بالزيارة الصفية يمكن للمدير أن يطلع على الموقف التعليمي، والتعرف على مواطن القوة والضعف فيه، ومقدار التفاعل الصفي، ومدى مقدرة المعلم على إدارة الصف وضبطه.

2. **الاجتماعات الفردية:** يجري مدير المدرسة اجتماعاً فردياً مع أحد المعلمين، ويكون هذا الاجتماع بناء على طلب المعلم أو قد يكون برغبة من مدير المدرسة، ليقوم بتوجيه خاص للمعلم، خاصة إذا واجهت هذا المعلم مشكلة ما، وعلى المدير أن يستمع للمعلم، ويحترم رأيه، ويناقش معه أساليب حل هذه المشكلة، في جو يسوده المودة والمحبة بعيداً عن الفوقية، مما ينمي الثقة في النفس لدى المعلم، ويدفعه إلى مراجعة المدير في أمور أخرى لاحقة.

3. **الاجتماعات الجماعية:** تكون هذه الاجتماعات على نوعين:

أ- **أما اجتماع المدير مع المعلمين:** جميعاً وتجري مثل هذه الاجتماعات لمناقشة أمور عامة، تهم جميع المعلمين بلا استثناء، وقد يكون مثل هذه الاجتماعات الجماعية لمناقشة تعليمات جديدة وكيفية تطبيقها وآلية العمل بها.

ب- **اجتماعات مجلس المادة:** كأن يجتمع المدير مع معلمي اللغة العربية يومياً وفي يوم آخر يجتمع مع معلمي التربية الإسلامية.. وهكذا.. لمناقشة أمور تهم هذه المجموعة سواء

ما يخص المفاهيم أو طرائق التدريس أو مناقشة ظاهرة معينة كمناقشة ظاهرة الضعف في قواعد اللغة العربية وهكذا.

4. **الدرس التطبيقي:** يلجأ المدير إلى القيام بدرس تطبيقي أمام معلم المادة أو أكثر وذلك لتوجيههم إلى أسلوب جيد أو استراتيجية مناسبة ويمكن للمدير أن يستدعي مشرفاً تربوياً متخصصاً للقيام بهذه المهمة أو أن يكلف أحد المعلمين الذين يرى فيهم المقدرة على القيام بهذا الدرس ومن فوائد هذا النوع من الأساليب الإشرافية فهو ينقل المعلم من النظري إلى العملي، ويمكن عقد اجتماع بعد الحصة التطبيقية، لمناقشة ايجابيات هذا الأسلوب وسلبياته.

5. **تبادل الزيارات:** يضع المدير خططاً ليقوم معلمو المادة الواحدة، بزيارة بعضهم بعضاً، وفق خطة مرسومة، بحيث يقوم المعلم الزائر بكتابة تقرير في سجل تبادل الزيارات عن الحصة الصفية التي رآها، موضحاً إيجابياتها وسلبياتها والهدف من ذلك الفائدة وانتقال الخبرات بين المعلمين، ولا يمكن أن تهدف هذه الزيارات إلى تصيد الأخطاء، أو التشهير.

6. **حث المعلمين على التطوير، والنمو المهني** وذلك باتباع الوسائل التالية:

أ- **تنسيب المعلم** لحضور دورة تدريبية أو مشغل تربوي إذا رأى المدير أن هذا المعلم بحاجة إلى ذلك.

ب- **توجيه إلى نوع من القراءات:** من خلال الاجتماعات الفردية أو الاجتماعات الجماعية، قد يلاحظ مدير المدرسة إن بعض المعلمين بحاجة إلى دراسة كتب عن علم النفس، أو أساليب تربوية، وطرائق التدريس، فيقوم بتوجيههم إلى وجود مثل هذه الكتب في المكتبة.

ج- **كتابة الأبحاث والتقارير:** يطلب المدير من بعض المعلمين كتابة بحث أو تقرير حول موضوع معين، يرى من المناسب أن يكون المعلم أكثر إلماماً بمفاهيم هذا الموضوع وأن يتوسع فيه، وقد يطلب من البعض منهم مقارنة مدى جدوى تطبيق طريقة تدريسية على سواها، وهكذا مما يدفع المعلم للقراءة والاستزادة.

د- **الرجوع إلى مصادر المعرفة،** والمراجع، وأمهات الكتب وعدم الاكتفاء بما ورد في الكتاب المدرسي لأن المعلم الناجح يعتبر الكتاب المدرسي نقطة بدايته لا تقييداً لمعلومة، بل بداية انطلاق وتوسع لها.

المراجع

1. الخطيــب- رداح - واحمــد الخطيــب ووجيــه الفــرح- الإدارة والإشراف التربوي- اتجاهات حديثة- مطابع الفرزدق التجارية- عمان- 1987.

2. حسن مصطفى ورفقاه- اتجاهــات جديــدة في الإدارة المدرسـية- مكتبـة الأنجلو المصرية- الطبعة الثانية- القاهرة - 1972.

3. محمد منير مرسي- الإدارة التعليمية أصولها وتطبيقاتها- عـالم الكتـب - القاهرة- 1975.

الوحدة الثالثة
الإشراف الفني

المقدمة

مع ظهور المدارس الرسمية واختفاء الكتاتيب كمكان تعليم وتدريس للأطفال ظهرت الحاجة الملحة للإشراف التربوي حتى يتعامل مع أهم أقطاب العملية التربوية إلا وهما المعلم والطالب، فالمعلم يعد عنصراً مهماً في العملية التربوية لأنه الأقرب من الطلاب والأكثر تفاعلاً معهم، فهو الذي يقوم بعملية التعليم والتدريس، وهو المسؤول عن إعداد الجيل الذي سيقود الأمة في الغد، ومن أجل هذا كله جاء الإشراف التربوي الذي يعد حلقة وصل بين المعلم والجهات المسؤولة- من أجل مساعدة المعلم في تحسين أدائه، والتأكد من تنفيذ المناهج الدراسية، وتوصيل المعلومات للطلبة بإتباع الطرائق والأساليب المناسبة وبالتالي تقويتهم وتدريبهم لزيادة أدائهم والوصول بهم إلى الإبداع.

تعريف الإشراف الفني

تعددت صيغ تعريف الإشراف الفني بتعـدد المختصين والقـائمين عـلى هذا المجـال فيعرفـه هـاريس[1]:"إن الإشراف التدريسي- هـو مـا تفعلـه هيئـة العاملين في المدرسة (بالراشدين أو الأشياء) للمحافظة على، أو تغيـير العمليـة التي تقوم بها المدرسة بطرق تؤثر مباشرة في عمليـات التعلـيم المسـتخدمة في تشـجيع تعلـم التلميـذ"، بيـنما يعرفـه وايلـز ولوفيـل[2]:" السـلوك الإشرافي التدريسي كما يفترض أن يكون نظام سـلوكي إضـافي تـوفره المنظمـة المدرسـة"، بشكل رسمي لغرض التفاعل مع النظام السلوكي التعليمـي عـلى نحـو يضـمن الإبقاء عـلى، وتغيـير وتحسـين وتـوفير الفـرص التعليميـة للتلاميـذ وتحقيقهـا بالعمل.

أسس اختيار المشرف الفني

المشرف الفني يتم اختياره مـن الميـدان، بعـد قيامـه بممارسـة التعلـيم لسنوات وتمرسه بهذا المجـال ولكـن يجـب أن يـتم اختيـاره بنـاء عـلى أسـس صحيحة ومقنعة لزملائه المعلمين ومن هذه الأسس.

1. **الخبرة العملية في التدريس:** لا بد من توافر الخبرة العمليـة لدى المشرف أو المعلم المشرف لأن يكون مشرفاً، لأنه يكون قـد اسـتفاد مـن اسـتخدام طرائـق تدريسـية عديـدة أثنـاء تعليمه لطلبته مما

---

1) Harris, B,M Supervisory Bchavior In Education . 2dcd, Lngleword Gliffs, NJ:Prentice Hall,Inc., 1975, P(10-11).

2) Wiles,K. And Lovel,J.TSupervision For Better School.4th Ed. Englewood Gliffs. Nj Prentice- Hall, Inc, 1975, P6.

يساعده على نقل خبرة عملية فضلى ومن الواقع للمعلمـين وبالتالي يؤدي ذلك إلى تحسين العملية التربوية.

2. **المؤهـل:** يجـب أن يكـون المشرـف مـؤهلاً تـأهيلاً علميـاً ومسـلكياً حتـى يتسـنى لـه أن يـؤدي دوره الفاعـل في مخرجات العملية التربوية بمساعدة المعلـم على تطوير نفسه وتحسين أدائه.

3. **أن يكون له اتجاهات إيجابيـة حـول المهنـة:** فإن لم تكـن لدى المشرف التربوي قناعة ذاتية بجدوى عملـه، ولم يكـن محباً له فلن نحصل على مـا نريد منـه لأن فاقـد الشيـء لا يعطيه، فيجب أن لا يكون الهدف من تعيين المشرفين مـلء شاغر فحسب ولكن يكون تحقيـق الهـدف التعليمـي عـلى الصورة الاتم والأكمل، وأفضل مئة مرة أن يبقى الشاغر بـلا تعيين أي كان، على أن نعين من لا يستحقه عن جداره.

4. **ان يكون لبقاً:** في تعامله مـع الآخرين بعيـداً عـن التسـلط والفوقية.

أهداف الإشراف التربوي

إن الهدف الرئيسي- للإشراف التربوي هو تحسين وتطوير العملية التربوية من خلال تحسين العوامل المؤثرة فيها حتى نحصل على نتاج تعليمي جيد وتكون مخرجات التعليم بالصورة التي يطمح للوصول إليها، فتتحقق الأهداف التعليمية ولكن هناك أهدافاً فرعية تنبثق عن الهدف الرئيس منها:

1. مساعدة المعلمين على النمو المستمر بتوضيح أهداف التربية وفلسفتها والعمل على تطوير المعلم مهنياً وشخصياً.

2. توظيف الخبرات المختلفة لخدمة العملية التربوية ونقلها من ميدان لآخر حتى نصل إلى المستوى المطلوب بتحسين المواقف التعليمية.

3. تشخيص الصعوبات التي تواجه المعلمين والطلاب ومساعدتهم على وضع الخطط لحلها عن طريق تنمية العلاقات الإنسانية وإقامتها على أسس التعاون والاحترام والمشاركة بالعمل.

4. مساعدة المعلم على تحليل المنهاج ونقده وتطويره وتنفيذه.

أهمية الإشراف الفني

إن الإشراف الفني مهم للمعلم المبتدئ والمعلم من ذوي الخبرات الطويلة، فالمعلم المبتدئ بحاجة إلى التوجيه ليتكيف مع المناخ المدرسي والتعرف على المنهاج والطرائق الدراسية المختلفة وتنمية العلاقات الإنسانية مع كل من زملائه وإدارة المدرسة والطلاب.

إن الإشراف الفني ضروري للمعلم ذي الخبرة الطويلة ليتعرف على الاتجاهات والطرائق الحديثة للتدريس.

العلاقة بين المعلم والمشرف

يجب أن تقوم العلاقة بين المشرف والمعلم على الاحترام والثقة المتبادلة وليس على الخوف والقلق، وذلك حتى يكون المشرف للمعلم بمثابة الصديق والمرجع يرجع إليه وقت الحاجة فإذا شعر المعلم بالثقة اطمأن له وارتاح من جهته فلا تستغرب أن يستعين المعلم بالمشرف ليحل له ما أشكل عليه في أي موقف تعلمي وبذلك تتحقق الغاية من الإشراف التربوي فتحسن العملية التربوية ولتحقيق الثقة المتبادلة ويحصل التفاعل بينهما يجب أن يراعي المشرف ما يلي:

1. أن يعمل المشرف المعلم بموعد الزيارة قبل وقت كاف وأن يعرف المعلم الهدف من الزيارة فالزيارات المفاجئة توتر الجو العام ولا تساهم في تحقيق الهدف.

2. أن يدخل الصف وفي نفسه مساعدة المعلم لا تصيد الأخطاء.

3. أن يـزور المعلـم كصـديق خبـير وأن يـأتي إلى المعلـم مرغبـاً ولـيس مهـدداً أو متواعـداً باسـتخدام سـلطة التقـدير أو التقرير.

4. أن يكون بشوشاً مرحاً معه.

مجالات الإشراف الفني

تتركز عملية الإشراف الفني عـلى ثلاثـة مجـالات هـي المعلـم والتلميـذ والمنهاج.

أ- **المعلم:** إن علميـة الإشراف الفنـي تصـب جهـدها عـلى المعلـم كي يتقن أساليب التعامل مع الطلاب ويزداد خبرة في مهنـة التعلـيم، ليحقق الأهداف المرجوة مـن تكـوين شخصـية متكاملـة للطالـب ويعده مواطناً صالحاً وتطوير المعلم مهنياً وحثـه في فهـم المنـاهج الدراسية ومراعاة ما يستجد فيها، ووضع الخطـط المسـاعدة عـلى تحقيق ذلك.

ب- **الطالب:** تمكين الطالب ليفهم المنهاج الدراسي الذي يجـب أن يـتم تطويره بما يلائم ميول وحاجـات الطالـب كـما يعمَـل عـلى تـوفير الوسـائل التربويـة بتوجيهـه للمعلمـين عـلى اسـتخدام الطرائـق التدريسية المناسبة يهدف إلى تكوين شخصية الطالب مـن جميـع النواحي بإاتزان.

ج- **المنهاج:** تطوير المنهاج يتم من خلال المشرف التربوي والمعلمـين في الميـدان حيـث يقـوم الموجـه بـالاجتماع بهـم والسـماع لوجهـات نظرهم حول المنهاج إيجابياته وسلبياته وكيفية تعزيز الإيجابيـات وتلافـي السـلبيات، ووضـع الإقتراحـات والتوصـيات لتطويرهـا فالمناهج الدراسية ليست صالحة لكل زمان ومكـان، والعـالم الـذي نعيش هو متغير متطور

وغير ثابت أو جامد فعلى المناهج الدراسية مسايرة هذا التغيير وذلك التطور لكن هل يأتي التطوير من خارج الميدان؟ إن المعلم وبمساعدة المشرف التربوي يقدران أن يطورا المنهاج الدراسي ليخدم العملية التربوية برمتها.

سمات الإشراف الفني[1]

1. الإشراف الجيد يهتم بتحسين المناخ الصفي التعليمي بصورة جيدة.
2. الإشراف الجيد يجمع بين العلاقات الإنسانية والنظرة العلمية.
3. يتقبل الإشراف الجيد الفروق الفردية بين المعلمين ويتعامل معها باحترام فهو يقبل كل من المعلم المبدع والمعلم المتذمر.
4. يوظف الاتجاهات العلمية بما يعتقد أنها موافقة للواقع التربوي كعملية اجتماعية.
5. يبتعد عن الروتين فهو خلاق ومبدع.
6. تتم أعماله بطريقة منظمة وتخطيط وتنفيذ مشترك.
7. يحكم عليه النتائج التي يحققها.
8. يسعى لبناء الإشراف الذاتي لدى المعلمين.

---

1) Sergiovonni, Thomas J. Emerging Patterns of Supervision Human Perspedctives. – New York . Mc Graw- Hill, 1976.

الأساليب الإشرافية

إن الإساليب الإشرافية كثيرة ومتعددة منها الأساليب الفردية والأساليب الجماعية ويجب أن يتم اختيار الأسلوب بما يتلاءم والموقف الصفي والمعلم نفسه، ووفقاً للمشكلات الحقيقية التي تهم المعلم، وأن تتفق مع عمليات التخطيط والتنظيم.

أولاً- الأساليب الفردية:

وتشمل زيارة المدرسة وزيارة الغرفة الصفية والمقابلة الفردية للمعلم بعد الزيارة الصفية.

ثانياً- الأساليب الجماعية- ومن أهم هذه الأساليب:

عقد اجتماعات مع المعلمين أو إقامة المشاغل والورش التربوية والدروس التطبيقة والتوضيحية وتبادل الزيارات بين المعلمين أنفسهم والمؤثرات.

ويمكن ترتيب هذه الأساليب الإشرافية حسب الفائدة:

1. الندوات والاجتماعات.
2. تبادل الزيارات.
3. الزيارات المتفق عليها.
4. الدروس التطبيقية.

5. المقابلات الفردية.

6. النشرات.

7. الأبحاث.

8. المعارض التربوية.

9. المشاغل التربوية.

10. الزيارات المفاجئة.

الاتجاهات الحديثة في الإشراف التربوي[1]

يمكن تصنيف الاتجاهات الإشرافية المعاصرة إلى اتجاهين:

الاتجاه الأول: يهتم بالإنتاج والعمل حيث يمارس المشرف دور العامل المخلص الذي ينظم ويوجه ويعمل مستخدماً سلطته وكفايته الفنية في دفع المعلمين لزيادة الإنتاج.

الاتجاه الثاني: يهتم بالعلاقات الإنسانية وحاجات العاملين يمارس المشرف الفني دور المشجع الذي يثق ويتقبل ويستمر مستخدماً سلطة أخلاقية تعتمد على نزاهته وصراحته وصدقة واحترامه للآخرين.

---

(1) د. ذوقان عبيدات – رسالة المعلم- العدد الثاني- 1986- ص(32-39).

ومن أمثلة هذه الاتجاهات:

1. الإشراف الإداري- التفتيشي:

يفترض هذا النوع من الإشراف إن المعلم لا يتحمل المسؤولية إلا إذا خضع للمراقبة والمتابعة لذا فهو بحاجة إلى التوجيه والإرشاد والتقويم بعد الزيارة الصفية حيث يطلع المشرف التربوي على مستوى الطلبة وأسلوب المعلم فيصدر الحكم عليه وهذا الأسلوب انتشر في غياب المعلم المؤهل تربوياً، ولا يقوم هذا الأسلوب على الثقة مما أدى إلى جمود التعليم.

2. الإشراف العلمي:

يهتم هذا الأسلوب باستخدام الاختبارات والمقاييس لدراسة المواقف التعليمية ويعتمد علىالأحكام الموضوعية بدلاً من الأحكام الشخصية لأن الحكم يأتي بناء على النتائج الناجحة عن الاختبارات فترى المشرف متمسكاً برأيه فيقيد حرية المعلم ويلزمه بالطاعة والخضوع مما يقلل فرص الابتكار والتجريب والإبداع لدى المعلم.

3. الإشراف المصغر:

يمارس من خلال ملاحظة المشرف لإحدى مهارات التدريس في فترة زمنية قصيرة فيقوم بتحليلها، ويستطيع المشرف التربوي استخدام هذا الأسلوب كأداة لتدريب المعلمين أثناء الخدمة على المهارات التعليمية، وأساليب ووسائل التعليم

الحديثة ويمكن للمشرف ومن خلال استغلال تقنية التعليم المصغر أن يعمل على تحسين وتطوير العديد من المهارات والكفايات التعليمية لدى المعلم ومنها: مهارة التهيئة الحافزة للدرس، واستخدام الإطار المرجعي المناسب، والخلق، وتنويع المثيرات، والحصول على التغذية الراجعة، والتعزيز، وضبط المشاركة، والتكرار المخطط والتوضيح، والطلاقة في طرح الأسئلة، والتواصل، ومهارة المحاضرة.

4. الإشراف الإكلينيكي "العيادي" [1]:

يهتم هذا الإشراف بتحسين العمل الصفي من خلال زيارة المعلمين في صفوفهم، وتحليل الموقف التعليمي وتقديم التغذية الراجعة للمعلم عن نقاط قوته وضعفه.

يقوم الإشراف الإكلينيكي على بناء العلاقة التعاونية بين المشرف والمعلم، والتخطيط التشاركي بين المشرف والمعلم وتخطيط استراتيجية الملاحظة، ملاحظة التدريس، تحليل بيانات الملاحظة، التخطيط للاجتماع البعدي الذي يعقب ملاحظة الحصة الصفية، وإعادة التخطيط لإدخال التغييرات التي تم الاتفاق عليها ضمن مفردات السلوك التعليمي.

يتميز الإشراف الإكلينيكي كونه مؤثراً وفعالاً باعتباره المعلم طرفاً فاعلاً ونشطاً في العملية الإشرافية يساهم في تقديم التغذية الراجعة لتعديل وتطوير الخطة الإشرافية، كما يعتبر أسلوباً فعالاً في تغيير أنماط السلوك التعليمي الصفي

---

(1) عيد ديراني – الإشراف العيادي- دراسات تربوية- مجلة كلية التربية- المجلد الأول عمادة شؤون المكتبات- جامعة الملك سعود- الرياض- 1984.

للمعلمين تغييراً إيجابياً ونقلهم إلى مستوى أعلى من الأداء يؤدي بدوره إلى إحداث أثار جوهرية في العملية التعليمية لأن العلاقة بين المعلم والمشرف تقوم على الثقة والانفتاح والتعاوني الإيجابي بين الطرفين مما ينعكس إيجابياً على العملية التربوية.

4. الإشراف التشاركي:

يعتمد هذا الأسلوب على تنظيم كل من السلوك الإشرافي للمشرف والسلوك التعليمي للمعلم والسلوك التعليمي للطالب مما يساعد في تحقيق أهداف العمل الإشرافي وإحداث التأثير الفعال على ممارسات المعلمين وسلوكهم التعليمي مما ينعكس دوره إيجابياً على تطوير سلوك وتحصيل الطالب.

يتميز هذا الأسلوب باعتباره من الأساليب التطويرية في الإشراف التربوي بروح الانفتاح والتعاون المستمر بين المشرف والمعلم والقدرة المتميزة للمشرف التربوي على التنسيق بين المعلمين وتحسين مشاعرهم واتجاهاتهم مما يؤدي إلى تحسين نوعية التعليم وبناء شخصية متوازنة لكل من المشرف التربوي والمعلم.

المراجع

1. Harris, B.M. Supervisory Behavior In Education– 2ded– Lngie word Cliffs. Nj . Prentice– Hall– Inc. 1975– P(10–11).

2. Wiles K. And Lovell. J.T. Supervision For Better School. 4th Ed. Englewood Cliffs, Nj. Prentice– Hall– In– 1975– P6.

3. Sergiovonni– Thomas J. Emerging Patterns of Supervision Human Perspectives– New York Mc Graw– Hill– 1976.

4. د. ذوقـان عبيـدات – رسـالة المعلـم– العدد الثـاني– 1986– ص (32–39).

5. عيـد ديـراني– الإشراف العيـادي– دراسـات تربويـة – مجلـة كليـة التربيـة– المجلـد الأول– عـمادة شـؤون المكتبـات– جامعـة الملـك سعود– الرياض– 1984.

67

الوحدة الرابعة
المشكلات التي تواجه العملية التربوية

المقدمة:

إن العملية التربوية تواجه عدة تحديات ومشكلات، تعكس بظلالها سلبياً على العملية التربوية وعناصرها المختلفة كافة، وعلى المجتمع بصورة عامة، وقد بدأت هذه المشكلات تتفاقم، وتتشكل حتى أصبحت اليوم ظاهرة لا يمكن تجاهلها خاصة إذا علمنا مقدار الهدر والاستنزاف الذي تسببه هذه المشكلات.

التعليم هو عملية استثمارية، تكفلت الحكومة متمثلة بوزارة التربية والتعليم بلعب الدور الأهم في هذه العملية، الكل يعلم مقدار ما تنفقه الوزارة على التعليم وتربية النشء وإعدادهم. ليكونوا رجال الغد وقادة الأمة، فمن بناء المدارس وتأثيثها بكل ما تحتاجه من مقاعد وأدوات وأجهزة مختلفة، ومناهج ومعلمين مدربين ومؤهلين والتعليم إلزامي ومجاني حتى الصف العاشر لذا كانت هذه المشكلات عوائق وصعوبات تعمل على عرقلة العملية التربوية، وتأخير مسيرتها مما يجعل هذه النفقات الباهظة تذهب سدى وبنسبة كبيرة، تبعاً لحجم هذه المشاكل ونوعها وطرائقها.

أهمية دراسة المشكلات:

1. الإقلال من وقوعها.
2. تخفيف آثارها.
3. وقاية الطلبة من مواجهتها.

من المشكلات التي تواجه العملية التربوية:

أولاً: السلوك العدواني [1]:

إن أكثر مظاهر هذا السلوك، والذي أصبح يشغل مساحة لا بأس بها من البيئة الصفية، ومن أمثلة هذا السلوك، الضرب بالأيدي، واستخدام الآليات الحادة، والسب والشتم، والتفوه بألفاظ بذيئة، وإتلاف أثاث المدرسة وتخريب ممتلكاتها، واعتداء الطلاب الكبار على زملائهم الطلاب الصغار خلقياً، والاعتداء على المعلمين بالتهديد والوعيد، والتدخين، والشغب داخل المدرسة، وعدم تطبيق تعليمات الانضباط المدرسي.

هذه السلوكات السيئة، وغير المرغوب فيها، تعطل أوتعيق مسيرة العملية التربوية فالمعلم الذي يرى الطالب يسخر منه، ولا يحترمه وقد يعتدي عليه بالضرب أو باستخدام الكلام البذئ أو يرى زميله يعتدي عليه، كيف نطلب منه أن يتقبل هذه الإهانات ويقبل على التعليم بروح رياضية، دون أن يكون لمثل هذه الممارسات آثار سيئة على العملية التربوية؟ لقد غالب قوانين التربية ونظمها ما نسميه الحقوق الإنسانية للطالب، وتناست أو نسيت حقوق المعلم.

ثانياً- مشكلات التحصيل [2]:

إن الإخفاق في الاختبارات المدرسية مشكلة كبيرة على الطلاب وأولياء أمورهم وعلى المجتمع أيضاً، نحن لا ننكر وجود فروق فردية بين الطلاب، فهناك

---

(1) محاضرات في التوجيه والإرشاد- ص (182-191).

(2) محاضرات في التوجيه والإشارد- ص(182-191).

70

بطيء التعلم الذي يعجز عن مسايرة زملائه الطلاب الأذكياء، وهناك الطالب الذكي الذي لديه من القدرات العقلية ما يجعله يتكيف مع البرامج المدرسية، ويظهر التفوق فيها وهناك الطالب الذي قدراته تتناسب مع متطلبات المنهاج الدراسي ويترتب على الرسوب آثار متعددة الجوانب منها:

1. الآثار النفسية:

أ- إن الطالب يشعر بمرارة الفشل، خاصة عندما يلقى المعاملة السيئة، أو نظرة الإزدراء من والديه وزملائه ومعلميه.

ب- إن الطالب الذي يعيد صفه يضطر لمفارقة أصحابه وزملائه، وإقامة علاقات جديدة مع طلاب جدد أقل من سنا.

ج- قد لا يستطيع الطالب الذي يعيد صفه التكيف مع المجتمع الجديد مما يدفعه لإظهار السلوك العدواني لزملائهم الجدد.

د- الرسوب يعمل على إيجاد مشاعر الكراهية تجاه المدرسة والمعلمين.

2. الآثار الاجتماعية:

أ- **قد** يكون الرسوب سبباً مهماً في ترك الطالب المدرسة قبل أن يستكمل المهارات الأساسية في القراءة والكتابة، والاتجاه للعمل مما يؤدي إلى ظهور الأمية من جديد.

ب- إن الرسوب بالنسبة للبنت قد يدفع أهلها إلى الإسراع في تزويجها، وتكون أسرة فلا تكون واعية ثقافياً أواجتماعياً أو صحياً.

ج- إن الرسـوب قـد يزيـد مـن نسـب الإنحـراف الاجتماعـي والخلقي في المجتمع.

3. الآثار الاقتصادية:

أ- يكلف التعليم الدولة نفقات باهظة من أجل إعداد النشء للحيـاة، فالرسـوب يمثـل هـدراً اقتصاديـاً لهـذه النفقـات، وإضاعتها بلا جدوى.

ب- قد تتكون لدى آباء الطلبة الراسبين مظاهر كره، أو موقف سـلبي مـن المـدارس الحكوميـة، ممـا يـدفعهم إلى إرسـال أولادهم إلى المدارس الخاصة، وهـذا يكلفهم مبـالغ إضافة تعقد هدراً للاقتصاد.

ج- إن الطالب الذي يعيد صفه، ويتوجه للعمل، قبل أن يتمكن من امتلاك المهارات الكافية والخبرة فيدخل سوق العمل عمالة تنقصها والخبرة وهـذا يـؤثر على الإنتـاج الاقتصادي وكذلك على دخل الأسرة.

العوامل التي تقلل من الرسوب

1. تنظيم بـرامج دراسـية لتقويـة الطلبـة في العطلـة الصفية، أو دروس تقوية خلال دورات مسائية.

2. نشرـ التوعية المنزلية: مـن خـلال مجـالس الآبـاء والمعلمين أو

نشرات تبين أهمية التعليم والآثار السيئة المترتبة على عدم التعليم والرسوب، فتتهيأ الظروف المنزلية والاجتماعية الملائمة للتعليم.

3. تقليل عدد الطلاب في الشعبة الواحدة، مما يعمل على زيادة الاهتمام بكل طالب، ويدفع المعلم على التعرف على ميول ورغبات واتجاهات الطلبة بصورة دقيقة، ويعمل على تلبيتها.

4. التوسع في الأنشطة المدرسية الصفية واللاصفية، حتى ينضوي بها كل الطلاب على حسب قدراتهم، فيجد كل طالب ما يتناسب وقدراته فيزداد ثقة بنفسه واعتماداً عليها.

5. إعداد مناهج خاصة تتناسب وقدرات الطلاب العقلية والجسدية، وحاجاتهم النفسية والاجتماعية.

6. تصنيف طلاب الصف الواحد حسب مستويات تحصيلهم ليتسنى للطلبة ذوي القدرات المحدودة المزيد من الاهتمام والعناية.

7. تزويد المعلمين بالأساليب التربوية الحديثة، وخصائص النمو لدى الطلبة، عن طريق دورات تربوية أو لقاءات إشرافية.

ثالثاً- التسرب:

إن التعليم عملية مهمة في حياة الإنسان والمجتمعات ذلك لأن تفعيـل العملية التربوية إيجابياً يعمل مع زيادة التنمية، بينما تعطيلها أوالتقليل مـن شأنها يعكس سلبياً على التنمية ويعيقها، لذا كان التسرب مـن المـدارس مـن أهم المؤثرات التي تعكس قدرة النظام التربوي وإمكانياته.

العوامل التي تساعد على التسرب.

1. **الظروف العائلية:** وتتمثل في وفاة الوالد، أو غيابه عـن الأسرة والتخلي عن مسؤولياته أما للسفر أو لترك البيت بسبب تعدد الزوجات وغياب الوالد مما يشعر الطالب بعـدم وجـود مـن يراقبه أو يحاسبه على تخليه عن الدراسة.

2. **الظروف الاجتماعية:** وتنتج عن وفاة الأم، ووجـود زوجـة أب قاسية، توجه سلوك أبناء زوجها إلى إنجاز أعمـال البيت عـلى حساب الوقت الذي يفترض أن ينشغلو فيه بمراجعة دروسهم وإعداد واجباتهم، مما يؤثر على مستوى تحصيلهم، فيتولـد في نفوسهم الإحباط والشعور بالبغض والكرة للمدرسة، فيفـروا منها ربما يكون انشغال الوالد عن الأسرة، لكونـه متزوجـاً مـن اكثر من زوجة يشغله عن محاسبه أبنائه على سلوكهم وعـدم متابعته لهم، أو حتى السؤال عنهم.

3. **الظروف الاقتصادية:** إن تدني متوسط دخل الأسرة يدفع الطالب بان يترك المدرسة ويتوجه للعمل من أجل المساعدة في توفير حاجات الأسرة ومتطلباتها، وربما حالة رب الأسرة المرضية والتي تعيقه عن مزاولة العمل يدفع الأبناء للتوجه للعمل قبل إتمام الدراسة.

4. **البيئة:** إن رفاق السوء لهم الأثر السيء على سلوك رفاقهم وقد يتأثر الطالب بزميله ذي السلوك غير المرغوب فيه فيقلده في أفعاله، كأن يصبح من المدخنين، وهذا يتطلب منه مصروفاً إضافياً، وربما أن الأسرة لا تستطيع ان تزيده في مصروفه؛ لذا يتوجه الطالب للعمل وترك المدرسة لسد النفقات الجديدة.

5. **المرحلة العمرية:** إن الطالب قد لا يعي ويقدر ما يترتب على أفعاله وسلوكاته، فالطالب في سن المراهقة هو في أخطر ما يكون، لذا على الوالدين مراقبة الإبن، ومعاملته المعاملة الحسنة وغير المنفرة، حتى لا يضطر للانحراف الخلقي والاجتماعي، وبالتالي التسرب من المدرسة.

6. **المدرسة:**

أ- إن طرائق التدريس المملة تجعل الطالب يكره المدرسة ومعلم المادة التعليمية وبالتسرب من المدرسة.

ب- القوانين والتعليمات المدرسية: إذا لم يجد الطالب ما يلبي حاجاته وميوله في المدرسة فإن ذلك يدفعه للبحث عن إشباعها خارج المدرسة.

ج-   الرسوب: إن الحكم على الطالب بإعادة صفه يولد في
نفسه الكرة للمدرسة، والتفكير في تركها خاصة إن
وجد فرصة عمل.

الآثار المترتبة على التسرب:

1- استنزاف الموارد المالية.

2- تزايد نسبة الأمية.

3- ضياع الطاقات البشرية.

4- الانحراف الخلقي.

5- ظهور السلوك العدواني.

العوامل المساعدة في منع التسرب والحد منه:

1- تفعيل دور مجالس الآباء والمعلمين، وتوعيتهم إلى أهمية
التعليم، وتعريفهم إلى الآثار المترتبة على التسرب.

2- إصدار قوانين تمنع تشغيل الأحداث، وتوقيع عقوبات كبيرة
على كل مخالف.

3- تطبيق قانون التعليم الإلزامي وتفعيله، حتى يضطر الوالد
إلى إحضار ولده إلى المدرسة ولو عن طريق الأمن.

4- الإكثار من النشاطات المدرسية وتنويعها، حتى تلائم كل الطلبة وقدراتهم.

5- بالنسبة للإناث رفع سن الزواج حتى يعمل الزواج المبكر على تركهن مدارسهن.

رابعاً- الغياب:

دور المدرسة لا ينحصر- في تقديم المعلومات للطلاب، بل في حل مشاكلهم، والأخذ بيدهم لتقدمهم إلى المجتمع والحيارة نخبة صالحة عاملة، ذلك لأن المدرسة ليست مستودع معلومات فقط بل مركز إشعاع وفضيلة وخلق ونظام.

التغيب عن المدرسة تعبير عن نزعات الطالب المكبوتة التي لم تتحقق، ولما كان تغيب الطالب يؤثر على سلوكه السوي وعلى تحصيله الدراسي، وعلاقاته بزملائه كان لا بد لنا أن نهتم بهذه المشكلة للتغلب عليها وتلافيها، وحتى نتلافى هذه المشكلة علينا أن نعرف أسبابها ومسبباتها؛ لأنه إذا عرف السبب بطل العجب.

أسباب الغياب

1- **أسباب اجتماعية:** تتلخص في عدم إشراف ولي الأمر على الطالب إشرافاً كاملاً إما لوفاته أو سفره أو غيابه عن الأسرة بسبب انفصال الوالدين، أو انشغال الوالد بأسرته الجديدة المؤلفة من زوجة أخرى.

2- **عدم توافر تعاون بين البيت والمدرسة**، وعدم قيام المدرسة بتوعية الوالدين بآثار تغيب ولدهما، أوتكاسل المدرسة في إخبار ولي الأمر بحالات التغيب وعددها، وتقديم صورة صادقة وصحيحة عن وضع الطالب لذويه.

3- **أسباب انفعالية**: عدم وجود أصدقاء للطالب، يتفاهم معهم وينسجم في التحدث إليهم تدفعه للبحث من بيئة تلبي نزعاته العاطفية والانفعالية.

4- **طرق التدريس**: إن طريقة التدريس الخالية من التشويق والإثارة والدافعية قد تسبب الملل والسأم مما يدفع الطالب لكره المعلم ومادته وبالتالي التغيب عن حصته.

العوامل التي تحد من حالات التغيب

1- التعاون بين البيت والمدرسة، والاتصال المستمر بينهما، وإعطاء المعلومات الصادقة عن الطالب أولاً بأول.

2- تنوع النشاطات المدرسية، وإشراك كل طالب في النشاط الذي يرغبه، وتشجيع الطلبة على الاعمال التي يؤديها لتزداد ثقتهم بأنفسهم .

3- تحسين طرائق التدريس : والتنوع فيها خلال الحصة الصيفة الواحدة ، ليسود الدرس جو من المرح والمحبة.

4- وضع مراقبة على خروج الطلبة من المدرسة قبل نهاية الدوام المدرسي لمنع حالات الهروب من الحصص.

5- عدم تكليف الطلبة بأعمال داخل المدرسة وأثناء الدوام المدرسي مثل أعمال النظافة أو الصيانة.

6- إقامة علاقات طيبة بين المعلمين و الطلبة عن طريق المعاملة، باللين بعيداً عن القسوة.

خامساً- الغش في الامتحانات:

تشكل الاختبارات المدرسية هاجساً يؤرق الطلبة، خاصة ذوي الكفايات المتوسطة منهم ويعتبرون الاختبار حجر عثرة أمام استمراريتهم في الدراسة، وبالتالي تخرجهم من المدرسة لينخرطوا في سلك العمل، ومن أجل التغلب على هذه المشكلة في نظرهم، يلجأ البعض إلى اتباع أساليب الغش منعاً للفشل والرسوب،وحتى يسايروا زملاءهم وينتقلوا معهم إلى الصفوف الأخرى.

الآثار المترتبة على الغش

1- يحصل الطالب بطريقة الغش على ما ليس هو له، فهي تدليس على معلميه وعلى أهله وعلى نفسه أيضاً.

2- يقضي على الثقة بالنفس وتحمل المسؤولية، فالطالب يشغل نفسه في إعداد وتهيئة الأسلوب الذي سينفذه بالغش، دون أن يفكر في الدراسة، والحفظ واستظهار المعلومات.

3- يقضي على الباعث على التعليم، فطالما أن الطالب يحصل على العلامة التي يريد، بطريقة أسهل في نظرة، فلماذا يدرس ويشغل نفسه في الدراسة.

4- يشكل عامل إحباط وتراخي لدىالطلبة المجدين، وعندما يرون زملائهم يحصلون على علامات مثل علاماتهم أو ربما أعلى منها دون عناء أو تعب.

5- تشكل عامل تراخي وعدم ارتياح لدى المعلمين عندما تظهر نتائج الاختبارات بتقديم الطلبة المستهترون ويحصلون على علامات من أولئك الذين يحرصون على التعليم.

أسباب الغش

1- فقدان الثقة بالنفس: فالطالب الذي يعمد على الغش، ليس واثقاً بنفسه أن يحصل على علامة النجاح، لذا تراه يغش ويزور لتحقيق أهدافه.

2- عدم الاستعداد الكافي للامتحان: يبقى الطالب مستهتراً بالدراسة، وبالمادة الدراسية طول الوقت ولا يذكر الدراسة إلا ليلة الامتحان، فيبدأ الطالب بالدراسة ولا يسعفه الوقت، فالمادة طويلة والوقت قصير، لذا يعمد إلىالغش والاستعداد له.

3- صعوبة أسئلة الامتحان: إذا علم الطالب أسلوب المعلم وطريقته في الاختبار، يعمد إلى التفكير في أسلوب الغش للتغلب على مشكلة صعوبة الاختبار.

4- **الرغبة في الحصول على معدلات أعلى:** يطمح الطالب بالتقدم والحصول على علامات مرتفعة ومعدلات عالية لتمكنه من الدخول في التخصص الذي يريد، ولكنه لا يتخذ الأسباب الصحيحة الموصلة لذلك، بل يعمد إلى الغش لأنه أيسر الطرق للوصول إلىالمعدلات العالية.

5- **الخوف من الرسوب:** إذا سألت أي طالب فيما إذا كان يفضل النجاح ام لا فلا بد انك ستسمع من الجميع حرصهم على النجاح ورفضهم للرسوب ولكنهم لا يستعدون للنجاح فلا يدرسون بل سيقومون بالغش.

6- **صعوب المادة الدراسية وعدم فهما:** أو وجود اتجاهات سلبية لتلك المادة.

7- **طرائق التدريس:** قد يستخدم المعلم استراتيجية تدريس ولكنها تكون غير قادرة علىتوصيل المعلومات للطلبة.

8- **عدم وجود المراقب الكفء:** إن للمراقب دوراً مهماً في تفشي الغش أو منعه.

9- **الامتحان المفاجئ:** وكون الطالب غير مستعد له.

أساليب الغش

1- استعمال قصاصات الورق أما يسمى البراشيم.

2- الكتابة على المقعد.

3- الكتابة على راحة اليد أو القدم.

4- الكتابة على ورق الفاين.

5- الكتابة على أدوات بحوزته مثل المسطرة او الملف الذي يكتب عليه.

6- الكتابة على الملف الذي يكتب عليه بقلم بحيث يكتب على ورقة ويضغط على القلم فتظهر الكلمات شبه محفورة على الملف ومن ينظر إلى الملف لا يرى فيها آثار الكتابة.

7- كتابة الحروف الأولى لبعض الكلمات أو أوائل الأبيات الشعرية للقصيدة.

8- كتابة الكلمات العربية بحروف أجنبية.

9- على ظهر الزميل الذي يجلس أمامه.

10- تبديل ورقته بورقة زميله.

11- كتابة الكلمات بين أسطر كلمات الكتاب الذي يكتب عليه.

12- النظر إلى الكتاب، أو إلى الجار أو أخذ أوراق منه.

13- الاستعانة بالمعلم المراقب.

14- استعمال أشرطة تسجيل مع سماعات على الأذن وخاصة البنات.

الطرق التي تحد من عملية الغش

1- عدم اعتماد الاختبار المفاجئ: يجب إعطاء الطالب الفرصة الكافية للدراسة على الاختبار وذلك بتحديد موعده قبل أسبوع على الأقل من إجرائه.

2- أن يتناسب الاختبار مع المحتوى ومع قدرات الطلاب.

3- أن يعلم الطالب نوعية وطريقة الاختبار من معلمه.

4- التشديد على المراقبة لمنع أي محاولة غش.

5- توقيع عقوبات مشددة على الطلبة الذي يتم ضبطهم وهم يغشون.

6- إيجاد وسائل أخرى للحصول على العلامة مثل إجراء البحوث والتقارير.

7- أن يجري الاختبار في قاعات تختلف عن حجرات التدريس.

8- لا يسمح للطالب إدخال أي شيء إلى قاعة الاختبار من كتب أوملفات أو كراسات.

9- تقليل عدد الطلبة في القاعة الواحدة، وإبعاد مقاعد الطلبة بعضها عن البعض الآخر.

10- مساءلة مراقب القاعة التي يتم الغش فيها.

سادساً- المشاكل الانفعالية[1]:

أياً كان نوع المشكلات وخصائصها وحيثياتها، فإنها بلا شك تعيق العملية التربوية، وتعمل على إبطاء سيرها نحو تحقيق أهدافها، بالطريقة المرجوة، من مظاهر المشكلات الانفعالة: الغرور، الخجل، الخوف الزائد من أحد المعلمين، سوء معاملة الأهل للطالب، صعوبة النطق، ضعف القدرات العقلية والتحصيلية لدى الطالب، التردد والارتباط وظهور حب الشباب في الوجه.

سابعاً- العزلة والإنطواء:

الإنطواء: هو هروب من الواقع لتوقع حصول صعوبات نتيجة التفاعل مع الآخرين، وهو سلوك غير مرغوب فيه من قبل الجميع حتى الذين يعانون منه يتمنون في قرارة أنفسهم لو أنهم استطاعوا التخلص منه، وعادوا إلى مجتمعهم يتفاعلون معهم سواء بسواء مع أقرانهم، دون أن يتحسبوا صعوبات تحدث أو مشاكل تقع.

مظاهر الانطواء (العزلة)

1- لا يشارك في النشاطات مع زملائه، ويميل للعمل منفرداً ويتمركز حول ذاته فهو غير مكترث وغير مهتم لمشاركة زملائه.

---

(1) محاضرات في التوجيه والإرشاد- ص (182-191).

2- علاقاته مع الآخرين محدودة جداً، هذا إن وجدت، لأنه لا يرتبط بأي علاقات اجتماعية مع الآخرين فهو يفشل دائماً في إقامة علاقات معهم.

3- لا يستطيع التعبير عن نفسه، فهو هادئ صامت لا يشترك ولا يشارك أحداً، وحتى إن حصلت تلك المشاركة فلا تغير فيه شيئاً، ولا هو يفرح لهذا الإشتراك.

أسباب الانطواء

لا بد من وجود أسباب جوهرية لحصول أي مشكلة، والإنطواء له ما يبرره منها:

1- **طبيعة الحياة الأسرية:** إن بعض الأسر توجه أبناءها ليكونوا انطوائيين دون أن يقصدوا ذلك، أو يضعوه في حساباتهم، فهم لا يسمحون لأبنائهم بالاختلاط مع أقرانهم في اللعب أو حتى المحادثة من باب الخوف عليهم ولكنهم يدفعونهم إلى العزلة عن الآخرين.

2- **التغيرات الجسمانية:** يصاحب مرحلة المراهقة تغيرات جسمية خاصة عند الفتيات مما يدفعهن للعزلة والانطواء.

3- **صفات خلقية:** كالعور- العرج - قصر القامة- تدفع أصحابها إلى التخي عن الآخرين وعلاقاته معهم لإحساسه بشعور النقص.

4- **صفات صحية:** قد يعاني الطالب من أمراض معينة تعيقه عن مجاراة أترابه فيعتزل الآخرين ويفضل الحياة منفرداً.

معالجة العزلة والانطواء

1- إشباع حاجات وميول الطالب الانطوائي من المحبة والتقدير والاحترام.

2- تشجيع الطالب الانطواني على الاتصال مع غيره.

3- الاتصال مع أسرة الطالب ذي العزلة لمعرفة أسباب عزلته والظروف التي أدت به إلى الأنطواء ومحاولة حل هذه المشكلة والتغلب عليها.

4- تعزيز أي محاولة من الطالب لكسر عزلته ومشاركة الآخرين، والتفاعل معهم.

5- تدعيم ثقة الطالب بنفسه، وتكليفه بأعمال يحسن ويتقن فعلها ثم تعزيزه على أدائها.

6- تدريب الطالب على مهارات التفاعل الاجتماعي مع الآخرين.

7- استشارة المرشد التربوي في حالته.

8- تحفيز الطالب على اللعب مع الآخرين.

ثامناً- المشكلات الصفية[1]:

المشكلات الصفية هي كل سلوك غير مرغوب فيه، يحدث داخل الغرفة الصفية ويؤثر على العملية التربوية، وقد يكون كل موقف غير طبيعي يعمل على

---

(1) حسن محمد ذيب- اتجاهات المعلمين نحو مشكلات طلبتهم وأساليبهم في معالجتها.

إعاقة أو تغيير مسار المواقف التعليمية، سواء كان بقصد أو بغير قصد، فالموقف الجديد غير المقبول هو بمثابة المثير، وردة فعل المعلم تجاهه، وكذلك موقف باقي الطلاب بمثابة الاستجابة، وتعظم هذه المشكلات بمقدار نظرة المعلم لها واستجابته وهذه المشكلات لا تأتي صدفة وانما يكون لها ارهاصات ومقدمات تنبئ بحدوثها وهذه المقدمات قد نطلق عليها أسباب المشكلات الصفية ومبرراتها.

أسباب المشكلات الصفية

1- **المنهاج المدرسي:** إذا لم يعمل المنهاج المدرسي على إشباع حاجات الطالب، ويلبي طموحه، ويكون على مستوى قدراته واستعداداته، فإن ذلك يكون عاملاً مهماً في افتعال المشكلات الصفية وإيجادها.

2- **الظروف العائلية:** إن لطبيعة الحياة التي يحياها الطالب، وطريقة تربيته، وكونها تشبع حاجاته أم لا، وكيفية النظام الذي يسود البيت، كل ذلك يؤثر على نفسية الطالب فقد يأتي الطالب إلى المدرسة، وهو يعاني من الكبت، الناجم عن تسلط الوالد اوالوالدة، وتحكمها في حركات وسكنات الطالب، فيجد الطالب في المدرسة متنفساً له فيعمل على افتعال مواقف غير طبيعية، تزداد إن لاقت استحساناً من بعض زملائه الطلاب.

3- **العادات والمثل والقيم الاجتماعية التي** يؤمن بها الطالب لا شك أن البيت هوالمدرسة الأولى للطالب، ففيها يتعلم عادات ويغرس

في نفسه قيم واتجاهات، تكون بمثابة المحرك لـه والمهيمن أو الضابط لكل أقواله وأفعاله، فالطالب في الغرفة الصفية، يتصرف عفوياً بما يتناسب وهذه العـادات وتلـك القيـم والمبـادئ والاتجاهـات، والخطورة إن كانت غير مقبولة ومرفوضة وتتعارض مع العادات السوية.

4- التباين في المعاملة بين البيت والمدرسة: الإنسان بطبعه ينفر من تناقض الأمور، وكذلك الطالب إن كـان يعامـل في بيتـه بالمرح واللين، وافتقد هذا في صفه سواء كـان ذلـك مـن قبـل المعلم، أو من خلال تعامله مع زملائه غير الملائم مـن نظـره، فيحدث مواقفاً غيـر طبيعيـة في الغرفـة الصفية ينجم عنها مشكلات صفية.

5- شخصية المعلم: إن المعلـم الـذي يتعامـل مـع طلابه بـالرفق واللين، يخلق جواً ديمقراطياً في الغرفة الصفية، ويكون هذا الجو مناخاً ملائماً لإتمام المواقف التعليمية، وتحقيـق أهـداف العملية التربوية، امام ذلك المعلم المتسلط، الذي يثور لأتفه الأسباب، فوجوده في الصف بمثابة مشكلات صفية، عليـه أن يغير من أسلوبه وتعاملاته مع الطلبة فكثيراً ما نجد معلماً مـا تثور في حصصه المشاكل وتزداد بينما لا يكون مثـل هـذا الوضع الشاذ عند معلم آخر ولنفس الصف.

6- الواقـع المـادي للغرفـة الصفية: إن وجـود مقاعـد صالحة للجلوس عليهـا، وترتيبها بشـكل مقبول يعمـل عـلى حسـم المشكلات الصفية، أو حتـى عـدم وقوعها وكذلك الإضاءة الجيدة، والتهوية

من خلال وجود نوافذ كبيرة، والتدفئة الجيدة كل ذلك يعمل على وأد المشكلة الصفية وإلغائها.

طرق معالجة المشكلات الصفية

يجب أن لا تأخذ المعلم الحمية، ويسارع في إنزال العقوبة على الطالب مع الالقاء على سبب المشكلة دون حل، بل يجب النظر أولاً إلى مسببات هذه المشكلة، وتحليلها، والعمل على تلافيها بوضع الحلول التي يمكن التقليل منها، إن لم يكن إلغاؤها لأن أي عقاب مهما كان في نظر المعلم مؤثراً، لن يقضي على المشكلة طالما بقي المسبب موجوداً، لأن العقاب لا يلغي حدوث المشاكل، ولكنه قد يعمل على اختفائها مؤقتاً، وقد يحدث عكس ما كنا نتوقع، فتكون ردة الفعل لدى الطالب سلبية، وتحدث عنده حالة عدم الاكتراث بالعقاب واللامبالاة به، فيزداد شراسة وتمرداً، وتعظم المشاكل وتكبر.

وتتركز طرق علاج المشكلات الصفية بما يلي:

1- إشراك الطلاب في تحمل المسؤولية تجاه الطالب الذي أدى إلى إحداث مشكلة صفية، يجب على المعلم أن يدير نقاشاً، يبين من خلاله إبعاد حدوث المشاكل الصفية، وما يترتب عليها، ويطلب منهم وضع حلول لتلافيها، ورؤية للعقاب المناسب لمثل هذه الحالات ذلك ليشعر الطالب أن تصرفه هذا لا يلقي قبولاً لدى المعلم والطلاب على حد السواء.

2- تعزيـز السـلوكات الإيجابيـة لـدى الطالـب: فـلا يحكـم عـلى الطالـب بالاتهـام لمجـرد وقوعـه او تسـببه في أشـكال ما، فـإذا مـا صلـح هـذا الطالـب، واسـتقامت أمـوره يجـب نسـيان المـاضي، وتعزيز المواقف الجديد للطالب.

3- يجـب تقبـل الطـلاب علىحالهـم، دون أن نتـأثر بلـون أودين، فالجميـع سواسـية، فـلا نعمـل عـلى اسـتفزاز أحـد الطـلاب لهيئتـه، أو لدينه أو لونه.

4- المعلـم قـدوة لطـلابه، فالـذي يعاملهـم بـاللين لا بـد اون يجـد ذلـك في تعـاملهم معـه ويجـب عـلى المعلـم أن يتفهـم خصوصيـات المرحلـة العمريـة لطلبتـه ويتعامـل معهـم عـلى أساسها.

5- التخطيـط الجيـد للـدرس وإشغال وقت الحصة بما يعـود عليهم بالنفـع والفائـدة، يـدفع الطـلاب إلى احـترام المعلـم والالتـزام بالانضباط الصفي وتجنب المواقف غير المرغوب فيها.

6- إضفـاء جـو مـن المـرح مثـل التنـوع في طرائـق التـدريس واستخدام الوسائل التعليمية يولد عند الطالب اتجاهـات إيجابية نحو المعلم والمادة أيضاً، وبذلك لا يفكر في تعكـير الجـو التعليمـي، بل قـد يدفعه لردع من يحـاول افتعال مواقف غير تعليمية.

7- عـلى المعلـم أن يكـون يقظـاً لكـل مـا يـدور في الصـف مـن فعاليـات وممارسـات، فيسـتجيب لبعضهـا على الفـور وقد يهمل بعضهـا الآخـر، فالمعلـم يقدر الحركـات والمواقف فـلا يعطيها أكبر من

حجمها الطبيعي، حتى لا ينقلب الأمر إلى عكس ما يريد فيأتيه الخلل من حيث يريد الإصلاح.

8- التعـرف عـلى الطـلاب مـن جميـع النـواحي اولاً الأسـماء والحاجات والميول وأن يشعر المعلم طلابه أنه قريـب مـنهم، يتلمس مشاكلهم، ويحاول حلها، كل ذلك بلطف وهدوء.

9- العمل على إيجاد المناخ الصـفي الملائـم مـن نظافة وإضاءه وتهويـة، وإدارة ديمقراطيـة بعيـداً عـن الغضب والثـورة أو الانفعال.

10- لا يجوز معاقبة الصف كاملاً على خلفية موقف حصل مـن أحدهم ولم يستطيع المعلم معرفة أن تحصر هذا الطالب لأن ذلك يولد الكراهية للمعلم لدى معظم الصف.

11- لا يجوز إجبار الطالب على الاعتـذار فـوراً يجب أن تشعر الطالب بخطئه ويفهم أبعاد هذا الخطأ وبعدها تراه ويعتذر عن ما بدر منه دون الطلب منه ذلك.

12- عـلى المعلـم أن ينظـر إلى المشـلكة بحجمها الطبيعي، فلا يهـول الأمـور، ولا يهـدد أويتوعـد أو حتـى يتعجـل بإصـدار العقوبة.

13- عدم اللجوء إلى التشهير.

المراجع

1- عزيز سمارة- عصام نمر- محاضرات في التوجيه والإرشاد- دار الفكر للنشر والتوزيع- الطبعة الثانية- عمان- 1990.

2- حسن محمد ذيب - اتجاهات المعلمين نحو مشكلات طلبتهم وأساليبهم في معالجتها رسالة جامعية غير منشورة - الجامعة الأردنية 1974.

الوحدة الخامسة

مهارات الاتصال

المقدمة

التراث الثقافي هو كل ما يسلكه الفرد والمجتمع في حياتهم وهذا السلوك يمتد إلى جذور وأصول تاريخية وهذاالتراث له صفة الانتقال من إنسان إلى إنسان، ومن جيل إلى جيل، وهذا الانتقال لا بد له من وسائل ومهارات حتى يتم هذا الانتقال، فكيف يمكن نقل التراث وخبرة الجنس البشري بعيداً عن وسائل الاتصال؟ تصور نفسك تدخل متجراً تريد ابتياع مادة ولا تستطيع أن تنقل ما تريد للتاجر، كيف يتم التعامل فيما بين الناس بلا اتصال وتواصل؟ إن الإنسان لا يستغنى بنفسه عن الآخرين فإن امتلك جانبا من جوانب المعرفة، أو المتطلبات الحياتية فإنه يفتقر لوجود الجوانب الأخرى العديدة، فالإنسان مدني بطبعه، لا ينفرد في حياته بعيداً عن الناس، حتى أنبياء الله ورسله، كانوا بحاجة ماسة إلى وسائل الاتصال بقوله تعالى:" فاصدع بما تؤمر وأعرض عن المشركين"[1].

وقال تعالى:"يا أيها المدثر، قم فأنذر"[2]، لذا كان الاتصال مهماً من أجل نقل المعرفة الإنسانية من الجيل السابق إلى الجيل اللاحق، وهو ضروري لأنه يسهل عملية الحياة نفسها، ويمكنه الإنسان من التكيف والتعايش مع الوسط

---

(1) سورة الحجر آية 94.

(2) سورة المدثر 2،1.

الذي يعيش وتضفي عملية التواصل جواً من المرح والسرور على الجماعة وتؤلف بينهم، وبالاتصال والتواصل يستطيع الإنسان أن يقضي حاجاته بيسر وسهولة، بلا تعقيد أو إشكال.

الاتصال هو عملية تفاعل بين طرفين يتم خلالها نقل أفكار ومشاعر وأحساسيس ومعلومات من طرف لآخر، نسمى الطرف الأول مرسلاً، بينما يسمى الطرف الثاني مستقبلاً، لذا كانت عملية الاتصال عملية هادفة غايتها نقل المعلومات والمشاعر لإيجاد نوع من التفاهم المتبادل حول موضوع معين.

أهمية الاتصال[1]

1- إن للاتصال أهمية بالغة في مواكبة الأمم الراقية في الصناعة والتكنولوجيا والتقنيات العلمية، فلا بد لتعلم هذه الأمور من استخدام لوسائل الاتصال المختلفة لنقل هذه المفاهيم، والمعلومات والقوانين من المعلم إلى المتعلم وكلما كانت وسائل الاتصال ميسرة بسيطة، كان التعلم وانتقال المعلومات بسلاسة.

2- الاتصال يدعو الإنسان إلى أن يكون مبتكراً أومبدعاً، عندما يتلقى المتعلم التوجيه والإرشاد والتشجيع يقبل على عمله بجد ونشاط وحيوية، ويثير في نفسه الواقعية إلى التعلم، والتحمس له فينتج ويجيد، ويبتكر ويبدع.

---

(1) الإدارة التربوية و السلوك المنظمي- ص (226-242).

3- الاتصال يجعل المتعلم حسن التخطيط والإعداد فهو يتعاون مع زملائه في إعداد خطته، ومعالجة المشكلات التي تواجهه ووضع الحلول المناسبة لحلها والتغلب عليها فبالاتصال يكون العمل التعاوني مثمراً، ويعمل الجميع بروح الفريق الواحد.

4- الاتصال يغير في سلوك الفرد، فالإنسان يؤثر بغيره، ويتأثر به فعن طريق الإتصال يتم توجيه السلوك الفردي إلى النواحي الإيجابية ويعززها، مما يسبب القضاء على الاتجاهات السلبية أو التقليل منها.

عناصر الاتصال[1]

الاتصال عملية متكاملة ترتبط عناصرها مع بعضها البعض ارتباطاً وثيقاً وهذه العناصر تتظافر معاً للوصول إلى تحقيق الأهداف، والعناصر هي:

1- **الرسالة:** لا بد من وجود فكرة أو معلومة يراد نقلها من طرف لآخر.

2- **المرسل:** هو الطرف الذي يأخذ على عاتقه نقل هذه الرسالة إلى الطرف الآخر فرداً كان أو جماعة.

3- **الوسيلة:** هي الطريقة أو الأسلوب الذي ينتهجه المرسل لنقل رسالته إلى الطرف الآخر والوسائل كثيرة ومتعددة.

---

(1) أساسيات في الإدارة المدرسية– ص (149–160).

4- **المستقبل:** هو الطرف الذي يتلقى الرسالة من المرسل.

5- **التغذية الراجعة:** هي رد فعل المستقبل لدى استقباله الرسالة.

وسائل الاتصال

لا بد من وسيلة وأسلوب يتم خلاله وصول الرسالة وانتقالها من المرسل إلى المستقبل وهذه الوسائل على أنواع ثلاثة:

1- **الاتصال اللفظي:** وهو الاتصال الذي يتخذ من الألفاظ والكلمات وسائل لانتقال الرسالة من المرسل إلى المستقبل وهو نوعان:

أ- **الاتصال الشفوي:** هو الاتصال الذي يتم عن طريق الكلام والحديث بين المرسل والمستقبل ويتم هذا النوع من الاتصال بعدة طرق مثل الحديث المباشر، كأن يتحدث المرسل والمستقبل في مجلس واحد، أو عن طريق المهاتفة، فيتكلم المرسل إلى المستقبل من خلال جهاز الهاتف فيسمعان بعضها البعض ومادة الإتصال هي الكلمة بما تتضمنه من معان ودلالات.

ب- **الاتصال الكتابي:** يتم الاتصال بين المرسل والمستقبل عن طريق الكتابة وتتشابه مادة الاتصال هنا مع الاتصال الشفوي إلا وهي الكلمة بمعانيها ودلالاتها ويمكن

استخدام هذا النوع من التأثير مـن خـلال الصـحف والمجلات، والكتب.

2- الاتصـال غـير اللفظـي: وهـو الاتصـال الـذي لا يكـون مادتـه الكلمـة المقروءة أو المسموعة ولكن يتخذ هذا اللون من الاتصال وسائل أخرى كثيرة وقد يستخدم المرسل هذا النوع من الاتصال جنباً إلى جنب مـع الاتصال اللفظي سواء الاتصال الشفوي أوالاتصال الكتابي ومـن أنمـاط هذا الاتصال:

أ- **الأيدي:** يستخدم المرسل حركة اليد للتعبير عـن موقـف معـين فيعبر عن الموافقة على رأي ما، أو الرغبة فيه، أو رفضه له.

ب- **العيون:** إن النظرة لها معان عديدة لدى المستقبل فتحديق النظر يعبر عن معنى غير الذي يعبر عنـه غمـز العيـون، وكذلك حركـة الحاجب رفعاً وخفضاً، لتوخي للمسـتقبل بمعـان قـد يعجـز عنهـا بكل معانيها ودلالاتها.

ج- **الشفاه:** إن حركة الشفاه لتعطي معان لا يحتـاج المسـتقبل معهـا إلى الرجوع إلى المعـاجم لتفسـيرها أو توضـيح، معانيهـا، فحركـة الشفاه تعبر عن الرضا والقبول أو عن الرفض والعصبية إن حركة الشفاه لغة يعرفها الناس حتى مع اختلاف ألسنتهم.

د- **حركة بـاقي أعضاء الجسـم:**قد يسـتخدم المرسل تعـابير معينـة لوجهة، او حركة الرأس أوالضرب بالقدم، كـل هـذه الحركـات لهـا دلالات ثابتة، وأثر بالغ عند المستقبل.

3- **الاتصال البصري:** نظراً للتقدم العلمي الهائل، وظهور وسائل حديثة وتقنيات جديدة ظهر الاتصال البصري ومن أمثلته، الأفلام السينمائية، التلفاز، الخرائط والصور بأنواعها والرسومات والجداول.

مستويات الاتصال

تختلف مستويات الاتصال حسب كل من المرسل والمستقبل و يمكن تقسيمها إلى ثلاثة أنواع هي:

أ- **الاتصال النازل(الهابط):** يكون هذا الاتصال من الأعلى إلى الأسفل مثل الخطبة التي يلقيها صاحب السلطة، أوخطب المسجد او قائد الجيش، او الذي يلقي كلمة في منتدى او جمهور، حيث يلقي الخطيب على السامعين(المجتمعين)، قوانين وأوامر، أو نصائح وإرشادات، او معلومات وأفكار.

ب- **الاتصال الأفقي:** عندما يكون كل من المرسل والمستقبل على نفس المستوى فهذا اللون من الاتصال يكون أثناء التفاعل الصفي، أوالنقاش حول موضوع معين، أو عند ممارسة النشاط، او إجراء تجربة ما، فالقائمون على هذا النشاط اوالتجربة متماثلون واتصالهم يكون للتدريس للخروج بتوصيات معينة.

ج- **الاتصال الصاعد:** يحدث هذا النوع من النقاش عندما يكون من الجمهور إلىالقائد أو من عامة الناس إلى ولي الأمر وذلك

لتوضيح أمر ما او تجلية موضوع معين، أو الاستزادة حول قضية معينة، ومن أمثلتها المؤتمر الصحفي الـذي يعقده الحـاكم أو وزيـر معـين أو الندوة التي يديرها واعظ يجيب على أسئلة الحاضرين.

وظائف الاتصال

يؤمل من عملية الاتصال ان تؤدي الوظائف الهامة التالية:

1. نقل وإرسال المعلومات والأفكار.

2. التأثير على المستقبل بتغير الاتجاهات أو تعديلها.

3. إقامة الحجة على موضوع معين، وحشد الرأي والتأييد له.

4. إقامة علاقات ودية بين طرفي الاتصال.

5. اتخاذ القرارات المناسبة والوصول إلى نظرة واحدة حول موضوع ما.

6. المحافظة على العادات والقيم والمثل العليا، وترسيخها ودعمها.

7. الإعلان عن امر ما.

مهارات الاتصال

1. مهارة الحديث.

2. مهارة الكتابة.

3. مهارة القراءة.

4. مهارة الإصغاء.

5. مهارة الإقناع,

6. مهارة المتابعة والتغذية الراجعة.

عوامل نجاح عملية الاتصال

أولاً- عوامل تتعلق بالمرسل:

حتى يتمكن المرسل من تأدية الرسالة وإيصالها إلى المستقبل عليه أن يتقن ما يلي:

أ- استخدام اللغة المناسبة لمستوى المستمعين والملائمة للرسالة التي يريد إيصالها.

ب- أن تكون الأفكار الرئيسة متسلسلة ومترابطة.

ج- أن يحسن اختيار الوسيلة المناسبة.

د- ان يعي الرسالة فهماً وتدبراً, حتى يحسن عرضها ونقلها إلى المستمعين بصورة واضحة وصحيحة وموجزة.

ثانياً- عوامل تتعلق بالمستقبل:

1. التحمس والرغبة لموضوع الرسالة.

2. الانتباه الجيد.

3. التفاعل الجاد مع المرسل ومفاهيم الرسالة.

4. اتخاذ كافة الأسباب المؤدية لاستدامة الجو المناسب للاستقبال.

5. ملاحظة وسائل الاتصال غير اللفظية لدى المرسل والتفاعل معها.

ثالثاً– عوامل تتعلق بالرسالة:-

أن تكون الرسالة:

1. واضحة ومتسلسلة ومترابطة.

2. كاملة.

3. موجزة ومختصرة.

4. لطيفة.

5. صحيحة ودقيقة.

6. لها أثر بالمستقبل وتهمه.

رابعاً– عوامل تتعلق بالتغذية الراجعة:

1. تتسم بوضوح الأهداف.

2. إيجابية تتمشى مع الهدف المراد تحقيقه.

3. تساعد المستقبل على فهم الأهداف.

معوقات الاتصال:

1. **اللغة:** إذا كانت وسيلة الاتصال هي اللغة بـين طرفي الاتصـال يجـب أن لا تكون:

   أ- اللغة أعلى من مستوى المستمعين فلا يمكن لهم استقبالها بوضـوح تام.

   ب- مفردات اللغة ذات معان غامضة أو متعددة فلا تصـل إلى أذهـان المستمعين بالصورة المطلوبة.

   ج- استخدام المصطلحات غير الواضحة.

2. **التنظيم:** إذا كـان التخطـيط ملائمـاً والتنظيم فاعلاً وصلت الرسالة إلى المستمعين بالصورة المرجوة لذا يجب أن نبتعد عن:

   أ- التعقيد.

   ب- استخدام قنوات اتصال كثيرة لأنها تعمل علـى صرف الانتبـاه عـن الرسالة وموضوعها إلى الإعجاب بقنوات الاتصال المتعددة.

   ج- كثرة المسئولين عن التنظيم واختلاف مستوياتهم.

3. **المعوقات النفسية:**

   أ- **الحالة النفسية السيئة للمرسل:** كأن يكون المرسل مريضاً أو محبطاً أو يعاني من تشتت فكر تجاه أي شيئ أو ظرف اقتصادي يمر به.

   ب- **الحالة النفسية السيئة للمستقبل:** ممـا يولـد عنـده عـدم الانتبـاه والتشتت الذهني فلا يركز على موضوع الرسالة أو متابعة المرسل.

ج- **العلاقة السيئة بين المرسل والمستقبل:** الإنسان يصم أذنيه عمن لا يحب، فالعلاقة القائمة على الفوقية أو عدم الاحترام المتبادل تدعو إلى اتصال سيء.

د- **أن يكون المرسل معروفاً عنه سوء السيرة،** فكيف تأخذ عن شخص ينهي ولا ينتهي يحرم على الناس ما يبيحه لنفسه ويردع ولا يرتدع.

ه- **الانغلاق على النفس** وعدم مراعاة آراء الآخرين.

4. مقاطعة الآخرين:

أ- إن احترام الرأي الآخر كفيل بإنجاح الاتصال لأنه يولد في نفس الطرف الآخر المودة والمحبة.

ب- سوء الإصغاء: يجب أن تصغي للآخرين، دون أن تتدخل وتقطع عليه كلامه أو تسفه رأيه.

5. الحدة والغضب:

أ- أن يظهر أحد الطرفين الغضب لدى بدأ الطرف الثاني بالحديث.

ب- محاولة أحد الطرفين الانتصار لرأيه حتى بعد إثبات بطلانه، واخذ موضوع النقاش موضوع كرامة وعزة نفس.

6. الجدال وإظهار النفس:

أ- أن لا يظهر طرفي الاتصال حب الكلام والاستئثار به دون الآخرين.

ب- أن لا تعط الفرص المتساوية للجميع للتعبير عن رأيهم.

ج- أن لا تكون الغاية من الجدال إضاعة الوقت فقط.

7. **التوقيت:**

أ- أن يكون الحاضرون مكرهين على حضور الاجتماع في وقت غير مناسب لهم كأن يكون بعد نهاية الدوام أو في يوم إجازة.

ب- أن يطول الاجتماع والنقاش مما يدعو إلى الملل والسأم.

8. **إظهار السلبيات:**

أ- التركيز على الأخطاء، وإهمال الإيجابيات.

ب- محاولة إيهام الحاضرين بعدم جدوى النقاش.

كيف تصل الرسالة مؤثرة بالحاضرين

قد يتسنى لكل واحد أن يكون مرسلاً ناقلاً لرسالة معينة لطرف آخر، ولكن هل كل مرسل ينجح في مهمته؟ أم أنه يجب على المرسل أن يتصف بصفات تعينه على إنجاح مهمته ومن هذه الصفات شخصية ومنها ما تكون خاصة بالرسالة نفسها.

الصفات الشخصية:

1. الصوت الجهوري.

2. تلوين الصوت وتكييفه حسب الموقف فيجهر مرة ويعلو مرة أخرى حسب الموقف فلا يكون صوته على وتيرة واحدة.

3. استخدام وسائل الاتصال الأخرى إضافة للكلمة كأن يستخدم اليـد أو تعابير الوجه.

4. التنويع في أسلوب عرض الرسالة وتدعيم الرأي بالحجة والدليل القـاطع ليكون التأثير بالغاً.

5. استعمال صيغ الاستفهام والتعجب لإثارة المستمعين وشد انتباههم.

6. البعد عن تكرار لفظه معينة أوعبارة بعينها حتى لا يولد الملـل والسـأم لدى المستمعين ولا يكون وقع ذلك ثقيلاً عليهم.

المراجع

1. د. سامي خصاونة- أساسيات في الإدارة المدرسية- عمان- 1986.

2. د. هاني عبد الرحمن- الإدارة التربوية والسلوك المنظمي- عمان - الطبعة الأولى- 1986.

الوحدة السادسة
تعاون البيت والمدرسة

المقدمة:

لم تقتصر ـ مهمـة البيـت والأسرة عـلى تربيـة الأطفـال ورعـايتهم والعنايـة بهـم فحسب بل تعدتها إلى ممارسة التعليم، حيث كان الأبناء يتعلمون من آبـائهم والبنـات يتعلمن من أمهاتهن عن طريق المحاكاة والتقليد، ولما كان هـذا الـدور التعليمـي غـير كاف لسد حاجات الأطفال وإشباع رغباتهم، مـن أجل ذلك وجدت المدرسـة وظهـر المعلـم الـذي لم يكـن يتمتـع بمعرفـة تامـة عـن الطفـل وبيئتـه النفسية والاجتماعيـة والاقتصادية والعائلية؛ لذا كانت الحاجة ملحة وضرورية للقاء البيت والمدرسـة كان الأمر ضرورياً للقاء الآبـاء والمعلمين، وعقد اجتماعات بيـنهما، وتشكيل مجالس للآبـاء والمعلمين، تمتزج الخبرات وتتفاعـل لتصب في نهايـة الأمر في بوتقـة الطالب ونفعـه، وخدمة للعملية التربوية.

كيفية تشكيل المجلس وانعقاده

يتكون مجلـس الآبـاء والمعلمـين مـن هيئة عامة تضم جميع أعضـاء الهيئـة التدريسية وجميع أولياء أمور الطلبة ينتخب منهاهيئـة إداريـة تضـم ممثلـين عـن المدرسة وعن أولياء الأمور.

يعقد المجلس اجتماعياً شهرياً مرة على الأقل شريطة أن تقـوم الهيئـة الإداريـة المنتخبة بالتحضير والإعداد الجيدين بما في ذلك بنود جدول الاجتماع، ومتابعة

تنفيذ التوصيات في الاجتماع السابق ورفع ما اعترض التنفيذ من صعوبات إلى الاجتماع اللاحق.

أهمية انقعاد المجلس[1]

1. دراسة الأمور التي تعود بالخير على الطلاب الذين هم محور العملية التربوية ودفع عجلة العملية التربوية نحو الأفضل.
2. تقوية الصلات بين المدرسة والمجتمع المحلي، لأن كل منها مكمل للآخر لخلق المواطن الصالح ورفع المستوى الحضاري للأمة.
3. تساعد المعلم في مهنته حيث يتعرف على طباع الأطفال وسلوكاتهم في البيت.
4. يساعد في تنشئة جيل واع مزود بالعلم النافع ومتحلي بالأخلاق الحميدة ذي إيمان قوي، أهل لتحمل المسؤولية ويسهم في تحقيق السعادة لنفسه وأهله.

أهداف المجلس

1. الإسهام في توعية لمجتمع المحلي برسالة المدرسة.
2. تنمية الطلاب من جميع النواحي الجسمية والعقلية والاجتماعية والروحية.

(1) المشكلات المدرسية في العلاقات الإنسانية- ص (176-190).

3. الوقوف على مشكلات الأبناء واحتياجاتهم ومناقشة أسبابها ومحاولة وضع حلول لها لمعالجتها.

4. توثيق الصلة بين المدرسة والمجتمع المحلي لتصعيد التعاون الخير بينهما ولمساعدة الطلاب على النمو السوي في جميع النواحي.

5. مساهمة الطلاب في النشاطات المدرسية والاجتماعية المختلفة,

6. المواظبة على دوام الطلبة والسير في الدراسة.

7. مساعدة المعلم والأخذ بيده لأداء رسالته المقدسة.

8. بحث مشاكل المدرسة من حيث المبنى، المرافق، الأثاث، العاملين فيها.

9. تبادل الرأي والتنسيق بين المعلمين والآباء فيما يتعلق بمعاملة الأبناء وأساليب تعلمهم.

10. الكشف عن حاجات الطلاب والمجتمع، ومن ثم العمل على تنمية تلك الحاجات بما يحقق معالجة المشكلات وتشجيع المواهب وتهذيب الميول.

11. مساعدة المدرسة على القيام بدورها كمركز إشعاع في البيئة ومساعدتها على الاستفادة من إمكانات البيئة.

12. المشاركة في النشاطات المدرسية، وتمويل الحوافز ومؤازرة المدرسة مادياً ومعنوياً.

13. العمل على تشجيع المجهودات التي يبذلها المربون وأعضاء المجتمع المحلي التي تهدف إلى حصول كل طفل إلى أقصى ما تسمح به قدراته الخاصة.

فعاليات المجلس

1. عقد ندوات ثقافية وتربوية وإلقاء محاضرات.
2. إقامة دورات لمعالجة ضعف تحصيل الطلبة في بعض المواد الدراسية وذلك خلال العطلة الصيفية لمدة شهر ونصف، يتعلم الطالب فيها من المفاهيم والأسس والمبادئ ما يجعله يشارك في التفاعل الصفي بإيجابية.
3. مساهمة أولياء الأمور في تمويل عمل أو شراء الوسائل التعليمية.

الصعوبات التي تواجهها

مجالس الآباء والمعلمين[1]

إن الصعوبات والعوائق التي تعترض مجالس الأباء والمعلمين وتعمل على التقليل من أهمية هذه اللقاءات تعود إلى أولياء الأمور، المعلمين والظروف العامة:

(1) المدخل إلى التربية– ص (202–204).

1. **أولياء الأمور:** وتكمن ذلك في عدم استجابة أولياء الأمور للدعوات الموجهة إليهم وقد يكون مرد ذلك:

أ- لأسباب نفسية مثل شعور البعض منهم بالرهبة من دخول إلى المدرسة لاعتقادهم بالثقافة الوساعة التي يتمتع بها المعلم أوينتج من ذاكرتهم عن المدرسة أيام دراستهم أوشعوره بأن المعلم لا يستطيع أن يفعل شيئاً لذلك فإن مثل هذه الاجتماعات لا جدوى منها.

ب- أسباب واقعية: اللامبالاة من قبل البعض حتى أنه لا يعرف إبنه في أي صف أو أي شعبة وعندما ترسل دعوات الحضور إلى أولياء الأمور لا يحضر أولياء الطلبة الذين يعانون من مشاكل معينة مثل التغيب او ضعف التحصيل أو مشاكل سلوكية.

2. **المعلم:** إن للمعلم دوراً في تفعيل مجالس الآباء والمعلمين وحتى قبل انعقادها من خلال بعض الممارسات التي تصدر عنه سواء باستخدام الضرب والعقاب البدني وسيلة لتقويم السلوك مما يسبب انزعاجاً لدى أولياء أمورهم، أو من خلال أسلوب المحادثة مع أولياء الأمور بطريقة يشعرونهم بأنهم الأعلم والأوسع ثقافة بما يجعل أولياء الأمور يشعرون بالنقص أو الحرج.

3. **الظروف العامة:** يعني بها ظروف كل من المعلم وأولياء الأمور فالمعلم يشعر أن وقته كله مليء بالأعمال وعليه الكثير من التكاليف فهو ينتقل من تحضير الدروس وإعدادها إلى التدريس وتصحيح

الكراسات ورصد الغياب ورصد نتائج الاختبار وتجهيز الوسائل المعينة وغير ذلك من المسؤوليات التي يعتبرها تثقل كاهله لذا فهو يرى إن اجتماعات مجالس الآباء والمعلمين تزيد من أعبائه لذا يكون سلبياً تجاهها فإن حضر لا يشارك أو يبدي أية مشاركة أملاً منه بأن لا يطول هذا اللقاء المفروض عليه كرهاً وهذه المشكلة تكمن في زيادة عدد المدرسين وتقليل نصاب المدرس والأعباء الملقاة على عاتقه.

أما أولياء الأمور: فإن لهم الظروف التي تثبط من نظرتهم الإيجابية لهذه المجالس مثل أن البعض منهم يحصر مهمته في تأمين لقمة العيش لأسرته فهو يضطر لأين يعمل الساعات الطوال أو يشارك بأعمال إضافية حتى يزداد دخله حتى يلبي حاجات الأسرة ومتطلباتها فهؤلاء الآباء لا يستطيعون تلبية هذه الاجتماعات وبعض الآباء لديهم فكرة سيئة عن المدرسة، وذلك لقلة الوعي لديه بدور المدرسة وبأهمية تعاون الآباء والمعلمين، ويمكن إزالة هذه الفكرة عن طريق دعوة أولياء الأمور لزيارة المدرسة في الحفلات والمناسبات والاجتماعات المختلفة وليس فقط عند حصول مشكلة تتعلق بإبنه أو لحضور مجلس الآباء والمعلمين حتى يطمئن قلب ولي الأمور للمدرسة ويرتاح.

جدول أعمال المجلس[1]

يجب أن يحسن إعداد هذا المجلس من قبل الهيئة الإدارية المنتجة وأن تراعي الأمور التالية:

---

(1) المدخل إلى التربية والتعليم- ص(289-291).

1. إرسـال بطاقـات دعـوة حضـور للهيئـة العامـة للمجلس قبـل موعـد الاجتماع بوقت كاف حتى يتسنى للجميع الحضور.

2. أن يكون وقت انعقاد الجلسة مناسباً للجميع سواء المعلمـين أو أوليـاء الأمور، كما ويستحسن أن تكون البنـود والموضـوعات المـراد مناقشـتها واضحة على جـدول الأعـمال وهـذه الأمـور يجـب أن لا تكون مكـررة بحيث يشعر الحضور بالملل بل هنـاك أمـر قـد تنـاقش في جلستين أو أكثر؛ ذلك لعدم التمكن من التغلب عليها، وأمور أخرى مستجدة ومـن الأمور الجديرة بالاهتمام ومستحق المناقشة:

   أ- وضع المجلس بالصورة الكاملة عن وضع الطلبـة بكـل أبعـادة السلوكية والتحصيل داخل المدرسة من قبل المعلمـين، وخـارج المدرسـة (بالبيت) مـن قبـل أوليـاء الأمـور؛ ليتعـرف الجميـع علـىميول ورغبات واتجاهات الطلبة من أجل وضع الحلول لهـا وتلافيها.

   ب- دور الطالب وواجباته في البيت مـن حيـث أسـلوب الدراسـة الناجحـة، الواجبـات المدرسـية – الاسـتعداد للاختبـار وتـلافي الرسوب أو التخلف الدراسي.

   ج- الطلب من الآبـاء مراقبة أبنائهم والقيـام بزيارة المدرسة مـرة أسبوعياً للأطمئنان عن وضع أبنائهم سواء من ناحيـة الالتـزام بالدوام المدرسي من بدايته إلى نهايته. لوضع حد

مشكلتي الغياب عـن المدرسة أو الهـروب في بعـض الحصـص الأخيرة.

د- المبنى المـدرسي ومرافقـه مـن ساحات، ملاعـب، دورة ميـاه، المقصف، أسوار المدرسة، المختبرات، المكتبة، المراسم، الغرف الصفية .... الخ، كذلك مدى توفر مياه الشرب في الخزانات.

ه- الاستماع لاقتراحات كل من أولياء الأمور والمعلمين.

و- مشاركة أولياء الأمور في المساهمة بتمويل النشاط المـدرسي أو لصيانة المبنى المدرسي ومرافقه.

ز- مناقشـة تعليمـات النجـاح والرسـوب وغيرهـا مـن القوانين التربوية.

أمور يجب مراعاتها أثناء الاجتماع

1- يجب أن يبدأ الاجتماع في الموعد المقرر لـه والمحدد مسبقاً على بطاقات الـدعوة ولا يعمـل عـلى تقديمـه أو تـأخيره حسـب رؤية شخصية للبـعض تبعـاً لعـدد الحاضرين.

2- أن يبدأ الاجتماع بالترحيب بأولياء الأمور وتعريفهم بالهيئة الإدارية والتدريسية للمدرسة كل حسب صفته الرسمية وليس بالصفة الشخصية وكأن يقول معلـم مادة ....

3- توزع المشروبات الساخنة أو الباردة حسب الجو الذي عقد به الاجتماع وكذلك لا بأس من توزيع بعض الحلوى.

4- أن لا يترأس مدير المدرسة دائماً الاجتماع وإنما يمكن أن يتناوب رئاسة الجلسات الهيئة الإدارية وأولياء الأمور.

5- أن يعطي كل بند من بنود جدول الأعمال الوقت الكافي والمناسب لمناقشته حسب أهميته.

6- أن لا يزيد وقت الإجتماع بحيث يدعو إلى الملل والسأم.

7- أن يودع أولياء الأمور بمثل ما استقبلوا به من ترحاب.

عوامل نجاح المجلس

1- تشجيع أولياء الأمور بديمومة زيارة المدرسة حتى بدون بطاقات دعوات حضور.

2- فتح مرافق المدرسة أمام المجتمع المحلي مثل الملاعب والمكتبة.

3- مشاركة المجتمع المحلي بكل فعاليات النشاطات والاحتفالات المدرسية.

4- استغلال خبرات المجتمع المحلي بعقد ندوات أو محاضرات حول بعض الأمور. كأن نطلب من ولي أمر يعمل في الدفاع المدني تنظيم عملية إطفاء حريق وتحديد يوم معين للقيام بها داخل ساحات المدرسة أو الطلب من ولي الأمر الذي يعمل شرطي مرور بإلقاء محاضرة عن التوعية المرورية وهكذا.

5- العمل على تنفيذ اقتراحات أولياء الأمور قدر الإمكان حتى يشعر أولياء الأمور بأن رأيه يلقى آذاناً صاغية.

فوائد عقد الاجتماعات

1- التغلب على مشكلات الطلبة السلوكية والتحصيلية والحد منها.

2- يدعم دور المدرسة في خدمة النشيء لأن المدرسة لم تعد مصدر إرسال فقط وإنما مصدر إنارة للمجتمع المحلي.

3- بناء علاقات صداقة وود واحترام بين المعلمين وأولياء الأمور مما ينعكس إيجاباً على العملية التربوية.

4- تنمية المجتمع المحلي من خلال القيام بالعديد من الأنشطة والفعاليات مثل: التوعية الصحية، رعاية المسنين في شراء حاجاتهم، زيارة المرضى سواء في البيوت أو المستشفيات، توعيتهم للمحافظة على المرافق العامة (الإضاءة، أجهزة الهاتف، حاويات النظافة، لافتات الشوارع، أعمدة الكهرباء).

المراجــــع

1- لويد وألين كوك، ترجمة عفاف محمد فؤاد – المشكلات المدرسية في العلاقات الإنسانية – دار الكرنك للنشر والطبع والتوزيع – القاهرة – 1966.

2- د. عبدالله الرشدان – ود. نعيم جعنيني – المدخل إلى التربية والتعليم – دار الشروق – الطبعة الثانية – عمان – 1999.

3- د. عبدالله زاهي الرشدان – المدخل إلى التربية – دار الفرقان – عمان – 1987.

الوحدة السابعة

النشاط المدرسي

المقدمة

إن شخصية الإنسان يجب أن تنمو متكاملة في جميع النواحي الجسمية والعقلية والانفعالية والروحية والاجتماعية، ويجب أن لا يغطى جانب منها على حساب الجوانب الأخرى، ولما كانت التربية تعني بالنمو الكامل الشامل المتكامل لهذه الشخصية. والمدرسة كمؤسسة تربوية تقوم بإعداد الطالب للحياة عن طريق تعديل سلوكه بمروره بالخبرات التعليمية التي تعدها وبالتالي فالمدرسة تسهم في تشكيل ملامح المجتمع وتكوين صفاته بشكل متوازن.

وحتى يتسنى للمدرسة القيام بهذا الدور الملقى على عاتقها كان عليها القيام بنشاطات إضافية منهجية وغير منهجية تدعم المقررات الدراسية، وتحقق أهدافها، فليس النشاط إضافة عبء على الأعباء التي يكلف بها الطالب ولكنه تكميل له ومتمم.

النشاط التربوي:

برامج تعدها المؤسسة التربوية لتكمل المقررات الدراسية فيقبل عليها الطلاب برغبة ورضى وعن طيب خاطر، ويمكن أن نطلق على النشاط بأنه نمط من السلوك يزاوله الطلبة طواعية ويعمل على إكسابهم خبرة أو إضافة معلومات جديدة، أو ينمي فيهم ميولاً كامنة أو يساعد في تنمية جوانب الشخصية لديهم.

أهداف النشاط التربوي [1]

1- دعم المقررات الدراسية. إذا تم ربط النشاطات المدرسية بـالمقررات الدراسية، فإن النشاطات تدعم المقررات وبالتالي يشعر الطلاب بفائدة ما درسوه في المواد والمقررات، فيتحسـن إداؤهـم ويقبلـون عـلى الـتعلم برغبـة وشـوق وحيويـة، وبالتالي يتحقق التفاعل الصفي الفاعل لتوفر المناخ والبيئة الصفية.

2- الكشف عن ميول الطلبة الكامنة وقدراتهم: إن الطالب يمـر بخبرات أثنـاء النشـاط لا يمـر بهـا خـلال تعلـم المقررات الدراسـية فيعمـل ذلـك عـلى تهيئة الظروف المناسبة لاكتشاف الميول الايجابية وتنميتها خاصة وأن الطالـب يقـرر نوع النشاط الذي يرغبه ويفضله.

3- إشغال وقت الفراغ: إن الطالب الذي لا يجد المفيد في إشغال وقت فراغـه بمـا يناسب ميوله وحاجاته، ويلبي رغباته سوف يتوجه إلى ضد ذلك لأنه يجد فراغاً قد يدفعه إلى الانحراف ويصل بـه إلى مـا لا يحمـده عقبـاه، لـذا كانـت بـرامج النشاط تنفساً طبيعياً للطالب يجد فيه كل ما يصقل شخصيته وينميها فيصبح للوقت عنده قيمة فيستغله بالعمل المفيد.

4- يزيد الثقة في النفس: عندما يزاول الطالب نشاطه بحرية يعطيه ثقة بنفسـه لأنه يعتمد عليها فهو يواجه الصعوبات والمشكلات، ويضع حلولاتها بعيداً عـن السيطرة والهيمنة ويعوده تحمل المسؤولية.

---

(1) دراسات في الإشراف الفني – ص (158–167).

5- تنمية شخصية الطالب بنشاطه مشاركاً للآخرين، متعاوناً معهم، فبذلك يكون ممارساً لعلاقاته الاجتماعية السليمة ويكسبه دماثة الأخلاق فتنمو لديه الروح التعاونية وتضعف عنده الأنانية ويحترم الآخرين ويتعود النظام والعمل بروح الفريق.

6- تعد الطالب للقيام بدوره بالحياة: وبذلك تقوم بربط الحياة المدرسية بالحياة الاجتماعية في البيئة عندما يختار الطالب النشاط الذي يحب، يمارسه بدقة وإتقان فيخلق في نفسه الابتكار والإبداع، لذا فإن للنشاط دوراً أساسياً وفاعلاً في بناء المواطن وصقل شخصيته.

الأسس التي يقوم عليها النشاط

1- **ميول الطلبة:** يجب ترك الحرية لكل طالب أن يختار نشاطاً أو أكثر يلبي ميوله وقدراته، كذلك أن يختار الجماعة من الطلبة الذين يحب التعامل معهم والذي لا يجد حرجاً في ذلك لأنه يماثلونه في العادات والتقاليد والعمر والمستوى الاجتماعي وغيره.

2- **تنوع أوجه النشاط:** عندما يكون النشاط منحصراً في نوع واحد أو اثنين فإن ذلك يزج بالطلبة لممارسة أنشطة لا تلبي ميولهم ولا تتناسب مع قدراتهم ولا تتفق مع طموحهم أما إذا تنوعت ألوان النشاط وتعددت سوف يجد كل طالب النشاط الذي يتلاءم مع ميوله وحاجاته وقدراته ومستواه.

3- **التخطيط الجيد:** إن أي نشاط يقوم على الارتجال لا يمكن أن تكون نتائجه كنشاط خطط له جيداً فجاء متكاملاً وأهدافه واضحة وخطوات تنفيذه بينه ومتسلسلة مترابطة فالنشاط وسيلة أساسية لتحقيق الكثير من الأهداف إذا خطط له ونظم تنظيماً صحيحاً تحت إشراف سليم وإدارة واعية.

4- **قلة التكاليف:** كلما كانت تكلفة النشاط قليلة ومعقولة أصبحت استمرارية ممارسته قائمة، لذا علينا أن نستغل الخامات.المتوفرة بالبيئة المدرسية أو البيئة المحيطة بدلاً من شراء تلك الخامات من السوق المحلي.

5- **إشراك أولياء الأمور:** إن مستويات أولياء الأمور مختلفة فمنهم الطبيب ومنهم الشرطي ومنهم النجار والحداد....الخ، فإذا ما دعي أولياء الأمور لمشاركة النشاط المدرسي فإننا سوف نحقق مايلي:

أ- الخبرة الصحيحة في مزاولة المهنة وذلك بإقامة الندوات أو محاضرات.

ب- توفير خامات ومواد أولية تلزم لممارسة النشاط.

ج- موافقة أولياء الأمور على مشاركة أبنائهم مما يحفز الأبناء لإظهار مواهبهم فيدفعهم إلى الابتكار والابتداع.

6- **تحليل المناهج الدراسية:** إن النشاط يجب أن يكون دافعاً للتعليم والتحصيل الدراسي، ويؤدي إلى تكامل المواد الدراسية تكاملاً تاماً وذلك إلى ما تم تحليل المناهج والمقررات الدارسية ليوضع النشاط المتمم والمكمل لها.

التخطيط للنشاط [1]

ليكون التخطيط ذا قيمة ويحقق النشاط أهدافه علينا مراعاة ما يلي:

1. تحديد الأهداف:

عندما يتم وضع أهداف واضحة جلية لأي عمل أو نشاط فإن ممارسة هذا العمل أوالنشاط يكون ميسراً، ويجب أن تنبع هذه الأهداف من حاجات وميول الطلبة أنفسهم، حتى يجد الطالب في هذا النشاط الذي أنضم إليه ما يلبي حاجاته فيقضي وقته بممارسته بعيداً عن الملل أو السأم، فقد وجد نفسه فيه.

2. المقرر الدراسي:

حتى يكون النشاط المدرسي مكملاً للمقررات الدراسية، يجب تحليل هذه المقررات وضع أنشطة مكملة لها، وبذلك يدعم النشاط هذه المقررات ويؤكدها، وأيضاً يتنوع النشاط لتأتي بصور شتى تلائم جميع مستويات الطلبة.

3. التنسيق:

يجب أن يكون التنسييق جلياً واضحاً في هذه الأنشطة فلا تعارض فيما بينها بل تكامل وتجانس بلا تكرار يجلب الملل أو تداخل بسبب السأم ومن ناحية أخرى يجب أن يكون التنسيق بين هذه الأنشطة وبين المنهاج المدرسي، حتى يكون النشاط حافزاً للتعلم والتحصيل الدراسي.

---

(1) النشاط المدرسي—ص (19–37).

4. مراعاة طرائق التدريس ورسائلها:

نظراً لتنوع الأنشطة وتعددها لا بد وأن تكون من هذه الأنواع ما يخدم طرائق التدريس أو وسائلها فقد يكون من هـذه الأنشطة، نشـاط جميـع عينـات مـن البيئـة المحلية مثل جمـع البـذور وتقسـيمها إلى ذوات الفلقـة أو الفلقـين، أو جمـع طوابـع بريدية ومناقشة حول الدول التـي صـدرت مثل هـذه الطوابـع مـن حيـث السـكان- العاصمة - الموقع.....الخ، وفي هذا إثراء للمقررات الدراسية.

5. البيئة:

إن التعرف على البيئة المحلية بخاماتها، ومواردها المتوافرة يمكن توجيـه الطلبـة نحو أنشطة ممكنة التنفيذ وبتكلفة معقولة.

6. الإشراف:

إن أي عمل لا يخضع لعملية إشراف سليم وإدارة واعيـة ومرجعيـة سليمة، لا يمكن أن تكون نتائجه كما هو مؤمل منها، أي لا يكون الواقع عـلى قـدر الطمـوح، لـذا فالإشراف على الأنشطة عامل هام من أجل إنجاحها، ولكـن يجـب أن يكـون المشرفون على الأنشطة من المدرسين تبعاً لميول واستعدادات كل مـنهم، ويتـرك للمعلـم الحريـة لممارسة النشاط بالطريقة المناسبة.

7. الخطة:

لا بد من وضع خطة لكل نشاط تتضمن اسماء المدرس المشرف وأسماء الطلبة القائمين على هذا النشاط، وحدود هذا النشاط، بالزمان، والمكان أي بدايته، والمدة اللازمة لانتهائه ومكان الممارسة وأن تكون هذه الخطة مرنة بحيث تسمح لإجراء شيء من التعديل أو تغير المسار إذا لزم الأمر بذلك.

تنظيم النشاط وتنفيذه [1]

تنظيم النشاط يعني وضع الخطوات الصحيحة، ورسمها خطوة خطوة، متناسقة ومتتابعة ليصل بالطلبة إلى تحقيق الأهداف المرجوة، وبذلك لا يكون النشاط نوعاً من اللهو ومضيعة الوقت والموارد والخامات والجهد وحتى لا يكون النشاط شكلاً بلا جوهر علينا ما يلي:

1. توعية الطلاب بالأنشطة المتوافرة ومفهوم كل منها، وما هو المطلوب من القائمين عليه من مهام، ومن ثم توزيع الطلاب على أنواع النشاط كل حسب رغبته دون ضغط أو إكراه فالنشاط لا يكون مفيداً ولا فاعلاً إذا لم ينبع من رغبة الطالب وكان مفروضاً عليه.

2. **الوقت:**

يجب أن يعرف الوقت الذي يمارس فيه النشاط واضحاً لكل مجموعة من مجموعات النشاط، وأن يكون الوقت ملائماً لمزاولة النشاط.

---

(1) مرجع في الإشراف الفني- مرجع سابق.

3. آلية العمل:

عندما تكون الأمور واضحة يكون العمل محباً مرغوباً فيه فيجب أن يعرف الطالب:

أ- مكان ممارسة النشاط وأن يكون هذا المكان مهيئاً لتلك الممارسة، فلا يجد فيه أي معوقات تحد من ممارسة النشاط وهل هذا المكان داخل المدرسة أو هو خارجها؟ وأن يكون واضحاً في خطة النشاط.

ب- الأدوات واللوازم: على الطالب ان يعلم أن يجد هذه الأدوات أن يكون استخدامها آمناً، وأن يعرف الطالب معرفة جيدة كيفية استخدامها، ومقدار وكمية هذه الأدوات بلا إسراف أو تقصير.

ج- وجود مشرف يقوم بعملية التوجيه والإرشاد إذا لزم الأمر.

4. النشاط عملية مستمرة:

إذا لم تستطع المجموعة إنجاز المهمة الموكلة لها في المدة المحددة نظراً لأمور غيرمتوقعة، أو ظروف طارئة على المدرسة أن تغطي الطلبة أوقاتاً أخرى لاستكمال ما بدأ كل واحد منهم عمله، وأن لا يكون هذا النشاط مقتصراً على أي أيام الدراسة ولكن يمتد هذا النشاط إلى أيام العطلة الصيفية حيث يقوم الطلاب باستغلال وقت فراغهم بما ينفعهم فيعتمدون على أنفسهم في اكتساب المعرفة في الموضوعات التي يرغبون فيها أو التعمق فيها.

5. **تحديد المسؤولية:**

إن قواعد العمل في كل نشاط من الأنشطة يجب أن تكون واضحة للفريق، وإذا أشكل عليهم أمر، ناقشه أعضاء فريق النشاط فإن لم يتوصلوا إلى حل فيه رفع الأمر إلى المعلم المشرف على ذلك النشاط، وبذلك يتحمل الجميع المسؤولية في العمل، ويعملون بروح الفريق، فيتعاونون معاً من أجل إنجاح العمل، ويكون هذا الناتج عملاً ينظر إليه بكل تقدير لأنه جاء معبراً عن أعمال الطلاب.

أنواع النشاطات المدرسية ومجالاتها [1]

إن مجالات النشاط المدرسي تعد تبعاُ للبيئة الموجودة فيها المدرسة وإمكاناتها المتاحة فقد تزيد هذه المجالات في مدرسة وتقل في أخرى ومن هذه المجالات:

1. النشاط العلمي: ومن ألوانه:

أ- الزراعة الاهتمام بحديقة المدرسة، وزراعة نباتات طبية أو غير طبية تشجير الأراضي.

ب- تربية الأسماك والطيور.

ج- الإشراف على خلايا النحل.

د- الإشراف علىالدواجن.

(1) النشاط المدرسي– مرجع سابق.

ه- ممارسة هوايات التصوير.

و- صنع الأجهزة العلمية والوسائل التعليمية.عمل نماذج ومجسمات علمية.

ز- جمع عينات نباتية وحيوانية.

ح- إجراء التجارب المخبرية.

ط- تشريح طيور أو تحنيطها.

2. النشاط الثقافي ومن ألوانه:

أ- الإذاعة المدرسية.

ب- إحياء ذكرى المناسبات الدينية والوطنية.

ج- عمل المجلات سواء مجلات الحائط أونشرات.

د- الاشتراك في المسابقات: الشعر- القصة- القرآن الكريم- الأحاديث النبوية الشريفة- المقالة- أوائل المطالعين.

ه- إقامة الندوات والمناظرات.

3. النشاط الفني:

أ- الاشتراك في الرسم.

ب- الموسيقى.

ج-   الاشتراك في التمثيل.

د-   الاشتراك في النحت.

4. النشاط الاجتماعي ومن ألوانه:

أ-   الرحلات والزيارات المحلية.

ب- الأعمال التطوعية لخدمة المجتمع المحلي مثل تنظيف شارع معين.

ج-   التوعية المرورية.

د-   جمع الطوابع.

ه-   عمل النماذج والخرائط التوضيحية.

و-   المساهمة بحملات المعونة المختلفة.

5. الكشافة والمرشدات:

أ-   المحافظة على النظام داخل الساحات المدرسية.

ب- رعاية مرافق المدرسة.

6. النشاط الرياضي ومن ألوانه:

أ-   المشاركة في الألعاب الرياضية بأنواعها العديدة فردية كانت أم جماعية وعلى مستوى المدرسة أوعلى مستوى المديرية.

7. الأندية الصيفية والخدمة العامة:

أ-   المساهمة في أعمال الصيانة المختلفة لمرافق المدرسة.

ب-   المشاركة في الأعمال التطوعية.

ج-   المشاركة في الأنشطة المتعددة والمشار إليها في أنواع الأنشطة السالفة الذكر.

عوامل نجاح النشاط المدرسي

1. العنصر البشري:

إن المعلم المشرف على النشاط إذا كان متحمساً له أدى ذلك إلى نجاحه، وإن قل حماسه وفتر جاء النشاط غير محقق لأهدافه ويكون الحماس بحسن التخطيط والإعداد والمتابعة والإرشاد التوجيه.

2. توافر المرافق المختلفة:

يجب توافر أركان النشاط من ساحات وأندية أو مسارح ومختبرات ومراسم.

3. توفير الأجهزة والأدوات:

إذا توفرت الأجهزة والأدوات تم النشاط على الوجه الأتم والأكمل، وإذا لم تتوافر هذه الأجهزة وتلك الأدوات فكيف يمارس الطلبة نشاطهم؟

4. التمويل:

يتم تمويل النشاط المدرسي من المصادر التالية:

أ-   التبرعات المدرسية.

ب-   أرباح المقصف.

ج-   اشتراكات رمزية من الطلبة.

د-   مساهمة من المجتمع المحلي.

5. أسلوب العمل:

يجب أن تتاح الفرصة لكل طالب بمزاولة نشاطه الذي يرغبه بكل حرية وأريحية.

تقويم النشاط

إن عملية التقويم ضرورية وملحة للنشاط وذلك للحكم على مدى تحقق الأهداف ويتم التقويم بالوسائل التالية:

أ-   الملاحظة من قبل المعلمين المشرفين على الأنشطة.

ب-   استفتاء حول النشاط لجميع الطلبة والمعلمين.

المراجع

1. سيد حسن حسين- دراسات في الإشراف الفني- مكتبة الأنجلو المصرية- القاهرة- 1969.

2. فهمي توفيق مقبل- النشاط المدرسي- دار المسيرة - بيروت- الطبعة الأولى- 1978.

الوحدة الثامنة

المكتبات المدرسية

المقدمة

لقد كانت النظرة إلى المكتبات بأنها ضرورية لأنها مكان حفظ الكتب وإن الكتاب هو مستودع المعلومات الأمين، ولكن تطور هذا المفهوم وأصبح بنظر إلى المكتبة من خلال الدور الهام والبالغ الذي تقدمه فهي تعمل على إثراء المناهج المدرسية من جميع أبعادها المختلفة، وهي جزء لا يمكن الاستغناء عنه في المدرسة لأنها مرفق أساسي ومهم فيها، لم تعد المكتبة مكاناً للقراءة وحسب يدخله من يريد مطالعة كتاب أو إكمال بحث وإنما صارت المكتبة تقدم خدماتها للمواطنين كافة صغاراً كانوا أو كباراً فهي حلقة وصل بين المدرسة والمجتمع المحلي تلبي حاجاتهم ويجدون فيها ما يريدون من ألوان المعرفة والعلم والآداب وسواها[1].

المكتبة المدرسية تختلف عن سواها من المكتبات الأخرى من حيث أنها موجه نحو أهداف تربوية مرسومة لها ويجب على القائمين على المكتبات من مدراء مدارس وموجهين وأمناء المكتبات أن يتعانوا على تفهم هذه الأهداف والعمل على تحقيقها[2].

---

(1) فهمي توفيق مقبل- النشاط المدرسي- (ص (156-162).

(2) الأستاذين محمد حمادة وعلي القاسمي- تنظيم المكتبة- ص 32.

أهداف المكتبة المدرسية

1. أن تنمي لدى الطلاب المهارة والمران في استخدام الكتب والمكتبات وأن تشجع التعلم الذاتي.

2. أن ترشد الطلاب على اختيار الكتب لتحقيق الأهداف الفردية والأهداف العامة من المنهاج.

3. أن تخدم البرامج التعليمية وتعززها وتدعم الأنشطة الثقافية التربوية.

4. أن ترغب الطلاب للقراءة.

5. أن تشجع السلوك السوي وتقدم الخبرة في الحياة الاجتماعية والديمقراطية.

6. أن تتعاون بصورة بناءة مع هيئة التدريس وإدارة المدرسة [1].

أهمية المكتبة المدرسية [2]

1. تحسين العملية التعليمية وخدمة المناهج.

2. غرس عادة احترام الكتب والمطالعة الحرة.

3. إشباع رغبات الطلبة وتلبية ميولهم، واكتشاف الموهوبين منهم.

4. إشغال وقت الفراغ بما هو مفيد.

---

(1) لوسيل فارجو – ترجمة د. محمد الجزاوي المكتبة المدرسة ص38.

(2) عبد الله الصوفي – المكتبة ودورها في العملية التعليمية– ص(8–19).

5. تعويد الطلاب الاعتماد على النفس بدلاً من الاعتماد على المعلم.

دور أمين المكتبة[1]

1. تعليم الطلبة كيفية استعمال المكتبة وانتقاء الكتب بأسلوب سهل.

2. إعطاء صورة واضحة عن محتويات المكتبة وأهميتها في رفع المستوى الثقافي والعلمي لديهم.

3. العمل على جذب الطلاب للمكتبة عن طريق إضفاء جو من الألفة والمحبة بينهم.

4. اكتشاف الطلبة النابغين من خلال المطالعة الحرة.

5. يحول المكتبة إلى مركز إشعاع ثقافي.

6. يحول المكتبة لتكون قلب المدرسة النابض.

7. يستطيع التعرف على ميول الطلبة وبالتالي الفروق الفردية.

8. أن يضع الكتب والمجلات في متناول أيدي الطلاب.

9. التدريب على استخدام المراجع.

10. الإجابة عن الاستفسارات فإذا شكل على طالب مكان كتاب أو مرجع ساعده أمين المكتبة في إيجاده.

(1) دراسات في الإشراف المدرسي– سيد حسن حسين– ص(168–170).

11. تفعيل دور المكتبة المدرسية بفتح أبوابها للمجتمع المحلي للمطالعة والاستعارة في أوقات محددة.

12. إصدار مجلة حائط تتضمن ما استجد في المكتبة من كتب ومراجع ومجلات وتعليمات الاستعارة والمطالعة وكيفية المحافظة عليها.

13. أن يقوم بإعطاء حصص صفية بواقع حصة واحدة لكل صف يلقى فيها الضوء على المكتبة ودورها في العملية التربوية وآداب المكتبة وشروط الاستعارة .

14. أن يشعر الطلبة أنهم بحاجة إلى إكمال المعلومات عن طريق كتاب آخر غير الكتاب المدرسي ويستطيع أن يجده في المكتبة [1].

كيف تقوم المكتبة بدورها بنجاح

1. تفعيل دور المعلمين:

أ-   وذلك بتعريفهم على أحدث الكتب والمراجع الموجودة في المكتبة حتى يبينوا ذلك للطلبة.

ب-   أن يعرفوا شروط الاستعارة والمدة التي يمكن أن يحتفظ الطالب بالكتاب المستعار.

---

(1) عبد الله الصوفي- المكتبة ودورها في العملية التعليمية- مرجع سابق- ص (22- 25).

ج- أن يعـرف الطلبـة إن الكتـاب المـدرسي ليـس هوالمرجـع الأول والأخـير للمعلومات فهناك العديد مـن الكتـب والمراجـع الموجـودة في المكتبـة والمقررات المدرسية.

د- التعريف بالأوقات التي يسمح فيها بالاستعارة.

هـ- التعريف بالأوقات المخصصة للمطالعة.

و- التعريف بآداب المطالعة.

ز- أن يكلف الطلبة بكتابة أبحاث أو تقارير من خلال مراجع موجودة في المكتبة.

ح- أن يخصص معلم المادة حصة أو أكثر لمناقشـة بحـث مقـدم مـن أحـد الطلاب أو كتاباً معيناً.

2. توفير الكتب والمراجع وذلك بطلب من معلمي المدرسة بتزويد أمين المكتبـة بأسماء الكتب والمراجع التي يحتاجها كـل معلـم وذلـك مـن بدايـة السـنة الدراسية حتى يتسنى له شراؤها بتمويل من التبرعات المدرسية.

3. المحافظة على الكتب وذلك بتوعية الطلبة وبالقيام بتجليدها.

4. تنـوع الكتـب والمجـلات والقصـص لتناسـب الطلبـة علـىاختلاف أعمارهـم ومستوياتهم.

آداب استخدام المكتبة [1]

1. لا تحدث ضجيجاً في مشيك أو كلامك أما الهدوء فأمر ضروري في المكتبة حتى يتسنى لكل من يرتاد المكتبة أن يمارس حقه في المطالعة والفهم.

2. لا تجر نقاشاً مع زميلك في المكتبة وأن كان لا بد من ذلك فليكن خارج المكتبة.

3. لا تستخدم القراءة الجهرية بل عليك بالقراءة الصامتة حتى لا تشوش على غيرك.

4. لا تكتب ملاحظات على الكتب التي تقرأ بها في المكتبة ولا تضع خطوطاً أسفل تعبيرات معينة أعجبتك وأن كان لا بد لك فإنقلها على كراستك.

5. إذا أردت أن تستعير كتاباً فلا تطلب الاستعارة إلا في اليوم المخصص لطلبة صفك وتقيد بنظام الاستعارة من حيث إرجاع الكتاب في خلال المدةالمسموح بها وعدد الكتب المسموح باستعارتها في المرة الواحدة.

6. دون اسمك في سجل المطالعين.

7. ابق الكتاب على الطاولة، ولا تحاول إعادته مكانه، خشية عدم وضعه في المكان الصحيح بالضبط.

8. تقيد بتعليمات استخدام المكتبة بدقة بالغة.

---

(1) المهارات الدراسية- د. محمد علي الخولي- ط4- 1997 - دار الفلاح للنشر والتوزيع- عمان.

المراجع

1- سيد حسن حسين- دراسات في الإشراف الفني- مكتبة الأنجلو المصرية- القاهرة 1969.

2- عبد الله الصوفي- المكتبة ودورها في العملية التعليمية- الطبعة الأولى- 1987.

3- فهمي توفيق مقبل- النشاط المدرسي - مفهومة- تنظيمه- علاقة بالمنهاج - دار المسيرة- ط1- 1978.

4- لويس فارجو- ترجمة السيد العزاوي- المكتبة المدرسية- درا المعرفة - القاهرة- 1970.

5- محمد حمادة وعلي القاسمي- تنظيم المكتبة المدرسية- دار الفكر- دمشق- 1969.

6- محمد علي الخولي- المهارات التدريسية- دار الفلاح للنشر والتوزيع- الطبعة الرابعة - عمان - 1997.

الوحدة التاسعة

الإذاعة المدرسية ودورها في تحسين المنهاج

المقدمة:

الإذاعة المدرسية لون من ألوان الأنشطة المدرسية المتعددة التي يمارسها الطلاب داخل المدرسة، ومن أهمها على الإطلاق، لما لهذا النشاط من أهمية بالغة وغاية مهمة تتحقق من هخلال هذا النشاط.

فوائد الإذاعة المدرسية [1]

1- الكشف عن ميول ورغبات ومواهب الطلبة.

2- إثراء المقررات المناهج الدراسية بالمعلومات.

3- إثارة الدافعية وحب العمل والإقبال عليه بحيوية ونشاط.

4- تعمل على تغيير أنماط السلوك عند الطلبة وتوجهها.

5- تدفع الطلبة إلى البحث والتقصي وبذلك تنفتح أمامهم آفاقاً جديدة من مصادر التعلم.

6- تصـقل شخصـية الطالبـة، وتعلمـه الجـرأة والشـجاعة للتحـدث أمـام الآخرين.

---

(1) النشاط المدرسي- ص(150-155).

141

7- التمرس على التحدث باللغة الفصحى.

8- التدريب على سرعة القراءة، وقدةالفهم وجودة التلخيص [1].

9- توعية التلاميذ بتعليمات الانضباط المدرسي.

10- إعلان القرارات الإدارية.

11- تعود الطلاب العمل الجماعي وتحمل المسؤولية.

مجالات النشاط الإذاعي.

1- إجراء مقابلات مع مدير المدرسة أو أحد معلميه أو أحـد المسـئولين أو الضيوف القادمين للمدرسة.

2- تقديم برامج إذاعية متنوعة.

3- تغطية أخبار الأنشطة المدرسية المختلفة.

4- تلاوة القرآن الكريم.

5- تغطية احتفالات المدرسة بالمناسبات الدينية والوطنية.

6- إجراء مسابقات ثقافية.

---

(1) عبد الحميد فايد راشد التربيـة العامـة وأوصـل التـدريس دار الكتـاب اللبنـاني– بيروت – 1970–ص 384.

تنظيم الإذاعة المدرسية

في بداية العام المدرسي، ومن خلال الاجتماع الأول لهيئة التدريس تتشكل اللجان والأنشطة ومنها النشاط الإذاعي حيث يعين أحد المعلمين مشرفاً لهذا النشاط ويعهد له بوضع خطة توضح كيفية العمل بهذا النشاط.

المهام الموكلة لمشرف الإذاعة

1- تشكيل لجنة من الطلاب لمساعدته في الإشراف على البرامج الإذاعية.

2- الإشراف على المادة الإذاعية قبل إذاعتها، وتدقيقها من حيث اللغة وصحة المعلومات.

3- تخصيص لكل صف من صفوف المدرسة يوم إذاعي يحضر طلبته المادة الأذاعية مسبقاً وتعرض على المعلم المشرف من أجل إقرارها والموافقة عليها، ومن ثم القيام بإذاعتها في اليوم المخصص لها.

4- يسمح لجميع طلبة المدرسة بالمشاركة باللاحتفال بالمناسبات الدينية والوطنية.

5- حفظ المادة الإذاعية المقدمة في سجل خاص.

6- تدريب الطلبة على القراءة والإلقاء قبل اليوم الإذاعي من قبل المعلم واللجنة حتى يخرج البرنامج الإذاعي بالصورة اللائقة.

7- مراقبة جهاز الإذاعة والتأكد من صلاحيته قبل البدء بالتشغيل.

مستلزمات الإذاعة المدرسية

1- غرفة مناسبة المساحة لمزاولة هذا النشاط بحيث تتسع لجنـة الإذاعـة والتجهيزات اللازمة لذلك.

2- أجهزة تفي بالغرض مثل:

أ.   جهاز تسجيل.

ب-   أشرطة تسجيل.

ج-   مكبر للصوت.

د-   سماعات للصوت.

ه-   ميكروفون.

و-   جهاز استقبال (راديو).

ز-   مكتبة ذات رفوف لوضع الأشرطة التسجيلية وحفظ السجلات المواد الإذاعية بها.

3- لوحة إعلانات: يعلق عليها الصف المكلف بالنشاط الإذاعي – فعاليات الإذاعة المدرسية خلال أسبوع.

وقت الإذاعة:

أ-   في الأيام الاعتيادية يتم تشغيل الإذاعة المدرسية في فترتين يومياً.

الفترة الأولى: قبل وأثناء اصطفاف الطلاب في الصباح وقبل الحصة الأولى.

الفترة الثانية: فترة الاستراحة وغالباً ما تكون بين الحصتين الثالثة والرابعة.

ب- في المناسبات والأعياد:

تخصص الحصص الثلاث الأولى لإحياء ذكرى المناسبة، اوالاحتفال ويشترك في الإعداد والتقديم الطلبة والمدرسون بألوان من الفعاليات والتي تم إعدادها والتدريب عليها مسبقاً

البرامج اليومية

1- الفترة الصباحية:

أ- قبل جرس الصباح.

أناشيد وأغانٍ وطنية مسجلة على أشرطة تسجيل يتخللها نصائح ومواعظ.

2- بعد قرع الجرس:

أ- يقوم معلم التربية الرياضية بتهيئة الطلبة لاستقبال يومهم الجديد بالطلب منهم بالقيام ببعض من التمارين الرياضية من خلال الإذاعة المدرسية.

ب- يعزف السلام الوطني.

ج- يقوم طالب بتلاوة آيات من القرآن الكريم مراعياً أحكام التجويد.

د- قراءة حديث نبوي شريف.

ه- حكمة أو مثل.

و- عظات وتعليمات وتوجيهات مدرسية.

ز- قراءة نصوص أدبية معبرة.

ح- نوادر وطرائف أدبية.

ط- تعزيز مواقف طالبية والإشادة بها.

ي- أخبار النشاطات المدرسية الأخرى.

ك- إعلانات.

ل- مقابلات.

الأنشطة التعليمية المستوحاة من نشاط الإذاعة المدرسية

1- تنمية القدرت الابتكارية والإبداعية لدى الطلبة.

2- التعلم عن طريق العمل.

3- تتيح للطالب التعلم الذاتي.

4- تحقيق الترابط والتكامل بين المناهج الدارسية والحياة.

المراجع

1- عبد الحميد فايد- رائد التربية العامة وأصول التدريس - دار الكتـاب اللبناني- بيروت- 1970.

2- فهمي توفيق مقبل- النشاط المدرسي- دار المسرة - بـيروت- الطبعـة الأولى - 1978.

الوحدة العاشرة

المقصف المدرسي

المقدمة:

المقصف المدرسي أحد مرافـق المدرسـة الأساسـية وهـو عمـل اقتصـادي تعـاوني اختياري الاشتراك يعمل على توفير حاجات الطلبة ولوازمهم المدرسية والغذائية.

أهداف المقصف المدرسي

1- تدريب الطلاب علىالسوك الجماعي واحترام الفرد للجماعة.

2- يعود الطلاب علىالاعتماد على النفس ويزيد الثقة فيها.

3- توفير اللوازم المدرسية والمواد الغذائية مع التركيـز عـلى الجـودة وقلـة الأسعار فليست الغاية مـن إيجـاد المقاصف المدرسية الحصـول عـلى الربح.

4- تعليم الطلبة التوفير والإدخار.

القواعد العامة التي يقوم عليها المقصف المدرسي

1- **العضوية:** يحـق لكل أفراد المجتمـع المـدرسي مـن إداريين ومعلمـين وطلاب وبنسب متساوية أي لكل مساهم مـنهم الحـق في شراء سـهم واحد سواء كان مدير اً أو معلماً أو طالباً.

2- **المكسب:** إن المقصف المدرسي لا يهتم بمقدار المكسب قدر اهتمامه بتوفير المواد الغذائية واللوازم المدرسية بسعر يقترب من التكلفة يوزع على الطلبة المساهمين في نهاية السنة بعد خصم مخصصات محددة تنفق في أوجه ثابتة.

3- **العمل:** يزاول عملية البيع طلبة من المدرسة لتعويدهم العمل التعاوني حيث توزع الأدوار على الطلبة فهذا يبيع صنفاً وذاك يبيع صنفاً آخر وهكذا، وللمحافظة على رأس المال يحظر البيع المؤجل فلا يجوز أن تتم عملية بيع إلا نقداً.

4- **الحياد التام:** يجب أن لا يتأثر المقصف المدرسي بأية تيارات فكرية أو دينية أو أي اتجاه إيجابي أو سلبي لجهة دون سواها فالغاية من المقصف تعليم الروح التعاونية.

شروط العاملين في المقصف

1- أن يكون عضواً مساهماً في المقصف.

2- أن يكون لائقاً صحياً بموجب شهادة صادرة من مركز صحي حكومي.

3- أن يكون نظيفاً ويحافظ على النظافة ويحرص عليها.

4- أن يكون أميناً ذا أخلاق عالية.

مواصفات المواد الغذائية المسموح تداولها في المقصف المدرسي

1- أن تكون مغلفة جيداً وغير مكشوفة.

2- أن يكون مثبتاً عليها مكان الصنع وتاريخه وتاريخ انتهاء الصلاحية.

3- أن لا يكون قد اقترب موعد انتهاء صلاحيتها.

4- أن تكون ذات قيمة غذائية جيدة.

5- أن تكون أسعار المواد الغذائية مناسباً للوضع الاقتصادري للطلبة.

6- أن لا تكون في عبوات زجاجية.

7- أن تكون أسعارها أقل أو مساوية لاسعار السوق المحلي.

إدارة المقصف المدرسي[1]

تشكل إدارة المقاصف المدرسي حسب النظام الداخلي للمقصف المدرسي الـذي أصدرته وزارة التربية والتعليم رقم 30281/66/14 بتاريخ 1973/10/8 علىالنحو الآتي:

1- **الهيئة العمومية**: وتتألف من جميع الأعضاء وتكون مهمتها انتخـاب اللجنة الإدارية ولجنتي المشتريات والمبيعات للسنة الجديـدة وتسـجل قراراتها في سجل خاص.

---

(1) النظـام الـداخلي للمقصف المدرسي رقـم 30281/66/14 بتاريخ 1973/10/8 وزارة التربية والتعليم – عمان.

2- **لجنة الإدارة:** تتكون من خمسة اعضاء وتوكل لها الأعمال التالية:

أ-   انتخاب الرئيس والسكرتير.

ب-   توفير كافة احتياجات المقصف.

ج-   تعيين مسؤولاً للحسابات والمعاملات المالية.

3- **المعلم المشرف:** يقوم بالتوجيه والإرشاد للطلبة عامة واللجـان خاصـة والرقابة على سير العمل.

رأس مال المقصف

يتألف رأس مال المقصف من قيمة الأسهم حيث تبلغ قيمة السهم الواحد 100 فلس أردني ويحق للجميع الاشتراك والمساهمة في أسهم المقصف المدرسي بسهم واحـد على الأقل.

توزيع الأرباح

يتم توزيع الأرباح كما يلي:

50% توزع على الأعضاء المساهمين.

20% احتياطي للمقصف.

25% نفقات أنشطة مدرسية متنوعة.

5 % مكافئة لمدير المدرسة والمعلم المشرف واللجان الإدارية ولجنة المشتريات والمبيعات.

صعوبات تواجه المقصف

1- قلة الخبرة من قبل الطلاب سواء في مجال البيع أو الشراء وإجراء الحسابات.

2- عدم وجود وقت مناسب للبيع حيث يتم البيع فقط ما قبل الدوام المدرسي وخلال الاستراحة.

3- عدم توافر المبنى الملائم لمزاولة أعمال المقصف من حيث المساحة أو الملاءمة لحفظ المواد الغذائية فيه.

الفهرس

الموضوع	الصفحة

المقدمة	5
الوحدة الأولى- المبنى المدرسي	7
مواصفات المبنى المدرسي الملائم	8
علاقة المبنى المدرسي بالمنهاج	11
علاقة المبنى المدرسي بالبيئة	13
العوامل الواجب مراعاتها قبل إنشاء المبنى المدرسي	15
المرافق الأساسية	18
المراجع- الوحدة الأولى	21
الوحدة الثانية- الإدارة المدرسة	23
أنواع الإدارات	24
ميزات الإدارة الديمقراطية	25
المبادئ الأساسية للإدارة	25
أدوار مدير المدرسة	28
مدير المدرسة كمشرف مقيم	30
الأساليب الأشرافية لمدير المدرسة	31
جداول الخطة التربوية	34
المراجع الوحدة الثانية	53
الوحدة الثالثة- الإشراف الفني	55

تعريف الإشراف الفني 56

أسس اختيار المشرف الفني 56

اهداف الإشراف التربوي 58

أهمية الإشراف الفني 59

العلاقة بين المعلم والمشرف 59

مجالات الإشراف الفني 60

سمات الإشراف الفني 61

الأساليب الإشرافية 62

الاتجاهات الحديثة في الإشراف التربوي 63

مراجع الواحدة الثالثة 67

الوحدة الرابعة - المشكلات التي تواجه العملية التربوية 69

العوامل التي تقلل من الرسوب 72

العوامل التي تساعد على الرسوب 76

العوامل المساعدة في منع التسرب والحد منه 77

أسباب الغياب 78

العوامل التي تحد من حالات التغيب 78

الآثار المترتبة على الغش 79

أسباب الغش 80

أساليب الغش 81

الطرق التي تحد من عملية الغش 82

مظاهر الإنطواء (العزلة) 84

أسباب الإنطواء 85

معالجة العزلة والإنطواء 86

أسباب المشكلات الصفية 87

طرق معالجة المشكلات الصفية 89

المراجع- الوحدة الرابعة 92

الوحدة الخامسة- مهارات الاتصال 93

أهمية الاتصال 94

عناصر الاتصال 95

وسائل الاتصال 96

مستويات الاتصال 98

وظائف الاتصال 99

مهارات الاتصال 99

عوامل نجاح عملية الاتصال 100

كيف تصل الرسالة مؤثرة بالحاضرين 104

المراجع- الوحدةالخامسة 106

الوحدة السادسة- تعاون البيت والمدرسة 107

كيف تشكيل المجلس وانعقاده............................ 107

أهمية انعقاد المجلس 108

أهداف المجلس 108

فعاليات المجلس 110

الصعوبات التي تواجهها مجالس الآباء والمعلمين 110

جدول أعمال المجلس 112

امور يجب مراعاتها أثناء الاجتماع 114

عوامل نجاح المجلس 115

فوائد عقد الاجتماعات 116

المراجع- الوحدة السادسة 117

الوحدة السابعة- النشاط المدرسي 119

أهداف النشاط المدرسي 120

الأسس التي يقوم عليها النشاط 121

التخطيط للنشاط 123

تنظيم النشاط وتنفيذه 125

أنواع النشاطات المدرسية ومجالاتها 127

عوامل نجاح النشاط المدرسي 130

تقويم النشاط 131

المراجع الوحدة السابعة 132

الوحدة الثامنة- المكتبات المدرسية 133

أهداف المكتبة المدرسية 134

أهمية المكتبة المدرسية 134

دور أمين المكتبة 135

كيف تقوم المكتبة بدورها بنجاح 136

آداب استخدام المكتبة 138

المراجع- الوحدة الثامنة 139

الوحدة التاسعة- دور الإذاعة المدرسية في تحسين المنهاج 141

فوائد الإذاعة المدرسية 141

مجالات النشاط الإذاعي 142

تنظيم الإذاعة المدرسية 143

المهام الموكلة لمشرف الإذاعة 143

مستلزمات الإذاعة المدرسية 144

وقت الإذاعة 144

البرامج اليومية 145

الأنشطة التعليمية المستوحاة من نشاط الإذاعة المدرسية 146

المراجع- الوحدة التاسعة 147

الوحدة العاشرة- المقصف المدرسي 149

أهداف المقصف المدرسي 149

القواعدالعامة التي يقوم عليها المقصف المدرسي 149

شروط العاملين في المقصف 150

مواصفات المواد الغذائية المسموح تداولها في المقصف المدرسي 151

إدارة المقصف المدرسي 151

رأس مال المقصف 152

توزيع الأرباح 153

صعوبات تواجه المقصف 153

159

T0102953

Printed in the United States
By Bookmasters